„Die Welt ist ein Buch.
Wer nicht reist,
sieht nur eine Seite davon.“

August Aurelius (Philosoph, 4. Jahrhundert)

1. Auflage 2018

ISBN 978-3-8000-7715-1

Covergestaltung: Saskia Beck, s-stern.com
Coverfoto: © Claudia Jörg-Brosche
Satz: Saskia Beck, s-stern.com
Lektorat: Beate Raidel
Druck und Bindung: Finidr s. r. o.

www.ueberreuter-sachbuch.at

Haftungsausschluss:
Alle Reiseziele wurden von der Autorin und zwei Mitautorinnen selbst besucht; sämtliche Angaben wurden von ihr sorgfältig recherchiert, auf den aktuellen Stand gebracht, sowie – soweit möglich – auf Stimmigkeit überprüft. Trotz Prüfung und sorgfältiger Recherchen ist es nicht ausgeschlossen, dass die Angaben nicht oder nicht mehr zutreffend sind. Die Autorin als auch der Verlag können keine Haftung für die Vollständigkeit und Richtigkeit der im Buch dargebotenen Angaben übernehmen. Der Verlag und die Autorin können insbesondere nicht für Schäden, Unannehmlichkeiten oder Unstimmigkeiten, Verletzungen oder sonstige Folgen durch die Angaben in „20 beste Reiseziele" verantwortlich gemacht werden.
Bei Links oder URLs handelt es sich um fremde Inhalte, für deren Richtigkeit keine Haftung übernommen werden kann. In keinem Fall haftet der Verlag oder die Autorin für irgendwelche direkten, indirekten, speziellen oder sonstigen Schäden, die sich aus der Nutzung einer verlinkten Website ergeben.

Fotocredits:
Claudia Jörg-Brosche, Martin Duschek, Barbara Hutter, Karl Füsslberger, Six Senses Douro Valley, Turismo Sevilla, Iceland.is, Perlan Museum, CRT Midi-Pyrénées HPTE, Office Tourisme Toulouse, ENIT Regione Sicilia, Villa Igiea, Club Med, Slovenian Tourist Board (Matevz Lenarcic, David Stulc Zornik, Simon-Kova i), Arhive of Fundacija Poti miru, Grand Tour of Switzerland, Switzerland Tourism (Andre Meier), Basel Tourismus, Grand Basel, lviv.travel, Malta Tourism Authority, Niederländisches Büro für Tourismus & Convention (NBTC), Leeuwarden-Fryslân 2018, Hotel Sextantio le Grotte della Civita Matera, Locanda di San Martino, TVB Almtal Waldness®, TVB Almtal Monika Löff, Romantikhotel Almtalerhof, Ötztal Tourismus, 007 Elements Kristopher Grunert, Hotel Bergland Toni Klocker, Tourist Board Dominikanische Republik, JNTO, Tokyo Convention & Visitors Bureau Axel Schwab, Yayoi Kusama Museum, Hoshino Resorts, Hen na Hotel, Gondwana Collection Namibia, Shipwreck Lodge, Hotel The Anam, Laguna Resort Lang Co, Vietnam Mövenpick Cam Ranh Bay, Sofitel Legend Metropole Hanoi.

Coverfoto: Vila Nova de Cerveira, Nordportugal

CLAUDIA JÖRG-BROSCHE

20 BESTE REISEZIELE

Traumhafte Geheimtipps – (noch) unentdeckte Hideaways

BRANDAKTUELLE REISEZIELE IN EUROPA

VORWORT

„Wo steckst du denn gerade, in welchem Winkel der Welt bist du unterwegs?", ist meist die erste Frage meiner Freunde, wenn sie mich anrufen. Und ja, sehr oft bekommen sie zur Antwort „am Berg in Tirol", „in Matera, großartig da!", „bin gerade Radfahren in Portugal" oder „schlendere durch die Kaiserstadt von Hué." Reisen ist nicht nur mein Hobby, Reisen ist mein Leben. Und mein Beruf. Und es gehört wohl zu den schönsten Dingen des Lebens. Noch nie war die Reiselust der Österreicher so groß wie jetzt (wie alle Statistiken beweisen). Wie sieht es bei Ihnen aus? Wo geht Ihre nächste Reise hin? Oder die übernächste? Mit dem vorliegenden Buch möchte ich gerne meine Reiseleidenschaft mit Ihnen teilen und neue Ideen für ganz besondere Trips und Urlaubserlebnisse anbieten.

Hier finden Sie die 20 besten und „angesagtesten" Reiseziele: weltweit, mit Schwerpunkt Europa, zwei Mal in Österreich. Für jeden Reise-Geschmack und jede Geldbörse (auch die schmälere) ist etwas dabei: von Entspannung bis Abenteuer, für Städtereisende und Weitwanderer – jeweils auf den heimischen Markt zugeschnitten. Brandneue, spannende Erfahrungen warten! Wieso „angesagt"? – Weil: das Reiseziel gerade in aller Munde (aber noch wenig bereist) ist; immer mehr begeisterte Fans anlockt; runde Jubiläen einzigartige Events versprechen; neue Flugverbindungen die Anreise vereinfachen; die Destination neu von den österreichischen Reiseveranstaltern angeboten wird oder knapp davor steht, ein Massenziel zu werden. Dann müssten Sie schnell hin, bevor die Idylle zerstört wird! Es gibt viele gute Gründe, um eine beglückende Reise anzutreten.
Hier finden Sie eine feine, handverlesene Auswahl an 20 echten Highlights – und keinen Wust an runtergeleierten „1000 Places". Für jede Destination wird unter „warum hinfahren?" die genaue Begründung geliefert, weshalb man dieses Reiseziel jetzt keinesfalls verpassen darf.
Seit mehr als 25 Jahren bin ich als freie Reisejournalistin für verschiedene Medien in Österreich tätig und für sie unterwegs – oft und gerne im eigenen Land, kreuz und quer durch Europa und immer wieder in ferne, entlegene Erdteile.
Gut zwanzig Mal im Jahr packe ich Koffer, Laptop und Fotoapparat zusammen und begebe mich zum Flughafen oder Bahnhof. Dieser Job ist ein großes Privileg – das weiß ich! Und dafür bin ich sehr dankbar! Ich liebe es, in die Welt aufzubrechen, Unbekanntes zu erleben, tief einzutauchen, neugierig zu sein und mich auf interessante Menschen und fremde Kulturen einzulassen. Je unbekannter und ungewöhnlicher das Ziel, umso größer ist meine

Begeisterung! Na gut, ich gestehe: Novosibirsk in Sibirien, noch dazu genau in der Unzeit zwischen Winter und Frühling, war dann doch gar schräg. Trotzdem: vom (Massen)Tourismus unentdeckten Plätzen gilt mein besonderes Interesse.

Die Stories in diesem Buch entspringen ausschließlich persönlich erlebten Reisen. Wir waren tatsächlich überall vor Ort, haben gründlich recherchiert, getestet, die stimmigsten Hotels gesucht, in dustere Winkel geschaut, die Natur unter die Lupe genommen, den Leuten Löcher in den Bauch gefragt, zugehört, fotografiert, mitgeschrieben. Das alles erzählen wir lebendig, authentisch – und durchaus auch kritisch. Bewusst schreibe ich „wir" – und muss hier Susan Sontag, die amerikanische Schriftstellerin und Regisseurin zitieren: „Ich war noch nicht überall, aber es steht auf meiner Liste!" So haben mich bei drei Kapiteln meine Journalistenkolleginnen Barbara Hutter und Christiane Reitshammer tatkräftig und textsicher unterstützt. Sie beschreiben fulminant, wie es ihnen auf der paradiesischen Samaná-Halbinsel (Sie wissen nicht, wo das ist? Bitte dieses Buch lesen!), am Isonzo oder in Japan ergangen ist.

Somit sind wir bei den Danksagungen angelangt. Hier möchte ich den Reiseveranstalter DERTOUR hervorheben: Der Spezialist für individuelle Reisen unterstützte dieses Buchprojekt maßgeblich. Davon profitieren auch Sie, liebe Leserinnen und Leser: Bei den meisten Destinationen dürfen wir Ihnen ausgewählte, konkrete Reise- und Preisbeispiel gleich mit dazu liefern. Sollten Sie Lust bekommen, unseren Geschichten nachzureisen (was wir natürlich sehr hoffen!), müssen Sie nicht lange suchen. Sie können gleich ins Reisebüro pilgern und ihren nächsten Traumurlaub buchen. Danke liebes DERTOUR-Team!

Ganz besonders herzlich möchte ich mich bei meinen beiden Mitautorinnen Barbara Hutter und Christiane Reitshammer bedanken. Gracie mille, thank you, spasibo, kansha, madloba! Ein spezieller Dank ergeht an meinen Martin (Martin Duschek): Oft sind wir gemeinsam unterwegs und viele der Fotos entstammen seiner Kamera. Für dieses Buchprojekt stand er mir stets kompetent, hilfreich, kritisch, inspirierend und aufbauend zur Seite und war mir eine überaus wertvolle Unterstützung. Merci, mein Lieber!

In der großen Hoffnung, dass Sie nun viel Spaß bei der Lektüre haben und anregende Ideen für nächste Trips finden, wünsche ich Ihnen wunderschöne Reisen um den Globus, eine beschwingte Abreise und eine glückliche Rückkehr mit vielen neuen, bereichernden Eindrücken als nachhaltige Souvenirs! Sind Sie schon beim Kofferpacken?

Herzlichst
Ihre Claudia Jörg-Brosche

Das beste Eck am Rande Europas

Kein anderes Land schmückt sich aktuell mit so vielen Tourismus-Awards wie Portugal. Die kleine Seefahrernation begeistert als authentisches, unverdorbenes, preiswertes und extrem facettenreiches Reiseziel. Portugal auf die Bühne – und Spotlights auf einige seiner Hauptdarsteller, wie etwa der Siegerinsel Madeira.

Stilvoll und preiswert wohnen in der Quinta do Sorilhal in Vieira do Minho

Warme Gastfreundschaft im unberührten Norden

Gastgeberin Fernanda

„You are not guest – you are family!" Fernanda steht in der Küche ihres Landguts Quinta do Sorilhal aus dem 16. Jahrhundert nahe dem Kurort Gerês im Norden Portugals, strahlt übers ganze Gesicht und umarmt mich herzlich. Mit dieser impulsiven Antwort habe ich auf meine simple Frage, ob wir denn einige Sachen in ihrem Kühlschrank lagern dürfen, nicht gerechnet. Fernanda überschüttet uns mit einem englisch-französisch-portugiesischen Kauderwelsch-Redeschwall, aus dem eindeutig hervorgeht, dass wir in ihrer Küche einfach alles dürfen: Kochen, Kühlen, Spülen. Was immer wir wollen. Und sämtliche Utensilien benützen – samt mittelalterlichem Granit-Spülstein, historischem Porzellan und Silberbesteck. Wir sollen auch von ihren Lebensmitteln und Gewürzen nehmen und bitte unbedingt frisches Gemüse aus dem Garten holen. Sie möchte einfach, dass es uns gut geht. Das großherzige Angebot macht Lust auf eine Zeitreise in die Vergangenheit: Die rustikale Küche könnte auch einem Heimatmuseum entstammen, gehört aber zu unserem Urlaubsquartier. Bevor wir uns ans kulinarische Werk machen, führt uns Hausherr Antonio zur großen Landkarte an der Wand, um uns für den nächsten Tag die schönsten Ausflugsziele der Umgebung zu zeigen. An einer Stelle hat die Karte fast schon ein Loch, so oft tippt er darauf. Es ist wohl sein Lieblingsziel: Der Stausee Vilarinho das Furnas an der Randzone des Nationalparks Peneda-Gerês und die Wasserfälle dahinter im Kerngebiet. So träumen wir nach einem frischen vegetarischen Abendmahl einem tollen Wander- und Badetag entgegen.

Stilvolles Wohnen und einsame Badefreuden

„Quintas" sind historische Landgüter, Herrenhäuser und Adelspaläste, die man landauf landab in ganz Portugal findet. Der Name Quinta kommt daher, dass die Bauern dereinst ein Fünftel der Produktion als Steuer dem König abliefern mussten. Dank staatlichen Förderprogrammen wurden und werden zahlreiche dieser herrlichen Anwesen aus Renaissance oder Barock zu stilvollen Quartieren für Touristen umgebaut. Die schönsten Schmuckstücke findet man unter dem Titel Turismo de habitação (TH), einfachere rustikale Landhäuser unter Casas do Campo (CC). Sie alle bieten extrem viel Urlaub zu sehr wenig Geld sowie Nähe zur lokalen Bevölkerung, denn die Besitzer wohnen vor Ort.

Antonio hat uns gut beraten, aber der Sommer kann im Landesinneren Portugals gehörig aufdrehen. Julitemperaturen bis 40 Grad sind normal und die Wettervorhersage prognostiziert einen Backofentag für die Region Gerês. So reduzieren wir Antonios Wandervorschläge auf ein Minimum und starten eine kleine Tour von Campo do Gerês aus. Die Luft flirrt über der kargen Heidelandschaft, die trotz der Hitze mit ihrer Farbintensität und Klarheit begeistert. Schwitzend erreichen wir über uralte Römerwege eine kleine Passhöhe und schauen auf der anderen Seite in die Tiefe. Wie herrlich: glitzernd ultramarinblau ruht unter uns ein gewaltiger See. Natur pur – keine Siedlung, kein Haus, kein Strommast, kein Auto, kein einziges Anzeichen menschlicher Zivilisation! Schnell sind wir unten beim Wasser, um uns ins köstliche Nass zu stürzen. Die glasklaren Fluten gehören uns allein.

Der Nationalpark Peneda-Gerês

See Vilarinho das Furnas in Campo do Gerês

Kühle Küste und weinseliges Dourotal

Der Minho im grünen Norden Portugals zählt zu den unberührtesten Regionen des Landes – trotz einzigartiger Schönheit und Vielfalt. Entlang des tosenden Atlantiks nördlich von Porto wechseln ausgedehnte Sandstrände und bizarre Felsabschnitte ab. Es ist das Reich der Spaziergänger; zum Sonnenbaden ist es nur in windgeschützten Nischen warm genug, die unterkühlten Wassertemperaturen verlangen das Tragen eines Neopren-Schwimmanzugs. Überlaufene Strände gibt es hier definitiv nicht! Zum Aufwärmen fliehen wir in die zahlreichen entzückenden Städtchen des Minho: die kaum bekannte Renaissance-Perle Viana do Castelo, das mittelalterliche Caminha und Ponte de Lima oder Barcelos mit seinen Adelshäusern und dem größten Wochenmarkt Portugals.

Heimat des Portweins

Rund 70 Kilometer südwärts zeigt sich Nordportugal wiederum mit einem völlig anderen Gesicht: Die weinselige Kulturlandschaft des Dourotals strahlt eine tiefe Harmonie aus (und ist UNESCO-Weltkulturerbe). Der Rio Douro ist für Portugals Norden eine wichtige Lebensader: Die steilen Hügel entlang der mäandrierenden Fluss-Schlingen bescheren seit Jahrhunderten beste Weine – und somit Reichtum. Es ist die menschliche Schöpfungskraft, die mit Terrassenlagen, Trockensteinmauern und gepflegten Weingärten das Land urbar machte. Saftig grün ziehen sich die Rebreihen mal in vertikalen, mal in horizontalen Linien dahin. Das verleiht der Landschaft Geometrie und Ordnung. Dazwischen bereichern Olivenhaine, Macchia, mal karg-steinige Berge, dann wieder Zypressen oder nahezu subtropische Vegetation das Bild. In kleinen Dörfern leuchten ziegelrote Dächer und strahlend weiß mit granitgerahmten Fenstern herrschaftliche Quintas. Sorry Wachau – aber da kann der niederösterreichische Donauabschnitt in Sachen bukolischer Schönheit nicht mithalten, die sich hier am Douro noch dazu über mehrere Hundert Kilometer zieht.

Kultivierte Weinlandschaft entlang des Douro-Flusses

Ein Viertel der steilen Flächen entlang des 972 Kilometer langen Flusses (der in Spanien entspringt) gehört seit über 2000 Jahren dem Weinbau. 1756 wurden die Rebflächen des Alto Douro urkundlich definiert – als älteste geschützte Weinbauregion der Welt. Seine Weinanbaufläche ist gewaltig und entspricht mit 45.000 Hektar exakt jener von ganz Österreich! Der Alto Douro ist auch die

Heimat des berühmten Portweins, dessen Trauben hier gedeihen. Seinen Namen hingegen erhielt der Süßwein (eine „Erfindung" der Engländer im 17. Jahrhundert) von der nahen Hafenstadt Porto, wo er seinen weltweiten Export antrat.

Cool und verkommen: Die hippe Hafenstadt Porto

Porto, die zweitgrößte Stadt Portugals, macht einen Spagat zwischen schönem Verfall mit morbidem Charme und einem dynamischen Wirtschaftsraum mit florierender Kunst- und Kulturszene. Am malerischen Altstadthügel rund um die Kathedrale Sé und den alles überragenden Bischofspalast dominiert ersteres: Die betagten Stadtteile Vitoria und Ribeira wuchern übereinander und ziehen sich über den steilen Flusshang hinab bis zum Douro. Es ist ein windschiefes Labyrinth aus angegrauten Bauten und blau-weißen Fliesenbildern (Azulejos), aus Wellblech-Aufbauten und bemoosten Hauswänden, aus Granit-gefassten, einst weißen Fassaden und roten Ziegeldächern. Man sieht deutlich, dass der durch Stadtmauer und Fluss begrenzte Raum niemals ausreichte. Aus Mauerritzen sprießen Farne, schmiedeeiserne Geländer rosten vor sich hin, Balkone hängen schief an unbewohnten Beinahe-Ruinen, Baustellen lärmen vielerorts. Die Tristesse ist malerisch und hinreißend. So schön, dass sie sogar zum UNESCO-Weltkulturerbe erklärt wurde.

Buntes Leben am Fluss

Steigt der staunende Besucher zum Fluss Douro hinab, erscheint das Stadtbild zunehmend herausgeputzt. Entlang des Cais da Ribeira ist die Renovierung vollbracht, die Häuser präsentieren sich farbenfroh und pittoresk wie im Bilderbuch und in den zahlreichen Restaurants am Wasser wird die Nacht zum Tag. Die Lokalszene setzt sich auf der anderen Seite des Flusses fort – Vila Nova de Gaia heißt die eng mit Porto verwachsene Schwesterngemeinde.

Die pulsierende Hafenstadt Porto

Verbunden werden sie von zwei tollkühnen historischen Eisenkonstruktionen – der 1877 eingeweihten Ponte Pia Maria von niemand geringerem als Gustave Eiffel persönlich, sowie der noch weit berühmteren Dom-Luis-Brücke von seinem Schüler Théophile Seyrig (1881). In Vila Nova de Gaia am linken Douro-Ufer regiert der Portwein: In riesigen Lagerkellern schlummert er seiner Reifung, Abfüllung und schließlich Verschiffung entgegen. Auch hier findet der durstige Gast eine Vielzahl schicker Lokale: Wir lassen uns nach einem anstrengenden Sightseeing-Tag in die weichen Korbmöbel der todschicken Dachterrassen-Bar Porto Cruz fallen und bestellen, mit Blick über die Altstadt von Porto, zwei Porto Tonico. Die köstliche Mixtur aus weißem Portwein, Tonic, Eis und frischem Rosmarin ist der angesagte In-Drink des Sommers. Und absolut empfehlenswert!

Algarve: Das Ende Europas

Verlassen wir nun den für ein südliches Land überraschend kühlen Norden Richtung Afrika. Ein ganz anderes Gesicht zeigt die Algarve (der West-Ost verlaufende Küstenstreifen im Süden der Seefahrernation), speziell östlich von Faro an der so genannten Sand-Algarve. Mit durchschnittlich 3.200 Sonnenstunden pro Jahr (Porto hingegen hat 2.450) finden Sonnenanbeter und Badenixen hier die mildesten Temperaturen Portugals – sowohl zu Land als auch im Wasser. Sotavento heißt der mildeste Küstenabschnitt: in dieser Wattenmeer-Landschaft mit ausgedehnten Sandbänken, Dünen und seichten Lagunen erreicht das Wasser fast die Temperaturen der „Badewanne" Mittelmeer.

Felsgesichter, Elefanten, Buddha oder gar die Titanic samt Eisberg: man braucht nicht allzu viel Phantasie, um diese Figuren in den in verschiedenen Rottönen leuchtenden Felsen auszumachen. Südlich von Lagos, dem sehenswerten Hauptort der Fels-Algarve, erleben wir bei einer Bootsfahrt die verspielten Naturgewalten von Ponta da Piedade. Steuermann João bläst in sein großes Meeresschnecken-Horn und startet zur Rundfahrt durch diesen großartigen Küstenabschnitt. Trotz beträchtlichem Wellengang tuckert er eng aber sehr zielsicher an den ockerroten und honiggelben Felstürmen vorbei, unter bizarren Bogen durch und in Grotten hinein. Übrigens: An der nahen Praia da Dona Ana pflanzte sich vor geraumer Zeit Angelina Jolie ein herrliches Feriendomizil auf die Klippen. Die Frau hat Geschmack!

Großartige Felsküste bei Ponta de Piedade an der Algarve

Letzte Bratwurst vor Amerika

Per Auto folgen wir der Portugiesischen Südküste weiter Richtung Westen – bis ans „Ende der Welt". „Finisterre" wurde der Landstrich rund um den kleinen Hafenort Sagres genannt, als die Menschen noch glaubten, die Erde sei flach wie eine Pizza und Amerika nicht existent. Tatsächlich bricht die karge Hochebene im äußersten Westen der Algarve an der Küste senkrecht vom Pizzarand und fällt über 60 Meter in die Tiefe.

Beim Cabo de São Vicente ist Europa tatsächlich zu Ende. Dead end! Zahlreiche Besucher stürmen das windumtoste Kap sowie den malerischen Leuchtturm samt kleinem Museum und verdrücken im kleinen Imbiss-Stand eines Deutschen aus Nürnberg ihre – offiziell auf einer Urkunde bescheinigte – „letzte Bratwurst vor Amerika".

Madeira: Steiler Zahn im Atlantik

Apropos Amerika: Am Wege dorthin, fast 1.000 Kilometer von Festlandeuropa entfernt, thront die Insel Madeira mitten im Atlantik. Das Eiland ist vulkanischen Ursprungs, geformt aus Lava und Asche – und zählt ebenfalls zu den portugiesischen Award-Gewinnern 2018: als schönste Insel Europas!

Wer beim Namen Madeira das große Gähnen bekommt und nur an Blümchen und Pensionisten-Reisen denkt, liegt völlig falsch. Das subtropische, immergrüne, üppig blühende Atlantik-Eiland bietet jede Menge Abenteuer für aktive Natur- und Bergfreunde. Wandern ist hier das reinste Vergnügen: Da gibt es knackige Gebirgswege, aussichtsreiche Küstenpfade und die berühmten Levada-Wanderungen. Levadas sind Bewässerungskanäle, die seit dem 15. Jahrhundert das kostbare Nass in die landwirtschaftlich genutzten Gebiete verteilen, ihr Netz umfasst mehr als 2.000 Kilometer!

Stets rauscht das Wasser neben dem Wandersmann, oft enden die Levada-Wege bei einem spektakulären Wasserfall oder führen durch kilometerlange Tunnel. Schwindelfreiheit ist

Der Pico Ruivo zeigt die vulkanische Vergangenheit Madeiras

allerdings gefragt, denn oft verläuft der Weg auf der schmalen Mauer über dem gähnenden Abgrund. Doch wir finden einen erfrischenden Ausweg: Schuhe ausziehen und im Wassergraben weiter waten.

Bergsteigen und Baden

Als unbedingtes Wander-Muss empfehlen wir die Besteigung des Pico Ruivo, mit 1.861 Meter der höchste Berg Madeiras. Der Aufstieg ab dem Parkplatz über einen Trampelpfad dauert nur eine gute Stunde. Die Sicht auf die zerklüftete Bergwelt rundum ist grandios, unmittelbar gegenüber ragen die steilen Felszacken des Nachbar-Pico Arieiro in den tiefblauen Himmel.

Madeira ist zwar definitiv keine Badeinsel (dafür empfiehlt sich die mit einem neun Kilometer langen Sandstrand gesegnete Nachbarinsel Porto Santo), Wasserratten werden dennoch fündig. Einerseits gibt es ein paar aufgeschüttete Sandstrände, andererseits Badevergnügen in felsigen Naturpools. Berühmt – und entsprechend frequentiert – sind die „Piscinas Naturais" auf der ins Meer ragenden Lavazunge von Porto Moniz. Sie wurden allerdings teils von Menschenhand errichtet. Weit schöner ist der Naturpool im kleinen Dörfchen Seixal: Schwarze, bizarre Lavaformationen trennen ein natürliches Oval vom Meer ab. Bei jeder Flut schwappen die Wellen über die schmale Begrenzungsmauer und füllen das Becken frisch. Hier schwimmen wir im ruhigen, glasklaren Meer inmitten des tobenden Atlantiks. Als Krönung setzt die verspielte Natur noch eines drauf und spannt einen pittoresken Lava-Felsbogen über die kitschig schöne Szenerie.

Levada-Wanderung im grünen Talkessel Caldeirao Verde

Warum hinfahren?

Award-Regen: The winners are – Portugal & die Atlantikinsel Madeira

Wir bitten das kleine Land im Westen der Iberischen Halbinsel auf die Bühne: Portugal ist der ganz große Tourismus-Gewinner: Bei den letzten World Travel Awards (dem alljährlich vergebenen Oscar der Reiseindustrie) gab es einen wahren Trophäen-Regen. Insgesamt heimste die kleine, einst sehr große Seefahrernation, 37 Auszeichnungen ein, darunter zum ersten Mal den begehrten Preis als Europas führende Tourismusdestination insgesamt. Weiters geehrt als „Europe's Leading" wurden Madeira, das Eiland weit draußen im Atlantik (als führende Inseldestination), die Algarve (führende Stranddestination), Lissabon (führender Kreuzfahrthafen) sowie Turismo de Portugal als Europas führendes Tourismusamt. Darüber hinaus ist die pulsierende Stadt Porto 2017 zum dritten Mal in Folge „European Best Destination" und für den Lonely Planet belegt Portugal gar im weltweiten Ranking der Top-Länder Platz drei.

Tourismusboom: Das Land mausert sich

Seit rund zehn Jahren freut sich Portugal über kontinuierlich steigende Besucherzahlen aus dem Ausland: von 2009 bis 2017 gab es ein Plus von 83 Prozent, die jährlichen Zuwachsraten liegen bei rund zwölf Prozent. 2015 steuerte die Tourismuswirtschaft zwei Prozent des Bruttoinlandsproduktes (BIP) bei, 2016 bereits sieben! 2016 wurden 1.500 neue Unternehmen in der Reisebranche gegründet und so 46.000 Arbeitsplätze geschaffen.

Vergangenheit und Zukunft: Immer öfter kommen nun die Kinder jener Auswanderer, die einst in den ländlichen Regionen kein Auslangen mehr fanden, aus dem Ausland zurück und beleben die durch Landflucht vernachlässigten Dörfer neu. „Der Tourismus ist ein Geschäft, das das Land verändert" titelte ein großes Portugiesisches Wirtschaftsmagazin. Im Boom setzt das Land erfreulicherweise auf seine herrliche historische Substanz, die mittlerweile allerdings Patina angesetzt hat. Die Regierung gewährt für Renovierungen historischer Bauten große steuerliche Vorteile.

Kleines Land, extrem viel Urlaub

Portugal vereint viele Welten auf kleinem Raum, mit einem guten Straßennetz zeitsparend verbunden: uralte Traditionen, modernste Kultur von der Graffiti-Szene bis zu Performancekunst, historische sowie innovative Architektur, Weinlandschaften, Naturparks und Biosphärenreservate sowie verschiedenartige Küstenlandschaften. Entlang der Atlantikküste finden Wasserratten und Surfer endlos weite Sandstrände und rastlos rollende Wellen; Vinophile verkosten die edelsten Tropfen entlang der Weinrouten quer durchs Land oder am Rio Douro. Und nicht vergessen: die Inselwelten des Atlantiks mit der Gebirgsinsel Madeira und dem Azoren-Archipel mit neun größeren und zahlreichen winzigen, der Welt entrückten Eilanden gehören auch zu Portugal.

Urbane Perlen: Die coole Hauptstadt Lissabon lockt mit einem neu belebten Hafenviertel und neuen Ausgehmeilen (z. B. Docas do Jardim do Tabaco und Docas de Santo Amaro) und kulinarischen Erlebnissen in Street Food-Märkten wie dem Time Out Market im Caís do Sodré. Angesagt ist auch die Hafenstadt Porto sowie die vielen historischen Kleinode: sei es Faro und das einst maurische Dorf Alte an der Algarve, die mittelalterlichen Felsenstädte Marvão, Óbidos oder Monsanto, die alte Königsstadt Sintra, die Universitätsstadt Coimbra oder die Wiege der Nation Guimarães, 2012 war sie Kulturhauptstadt Europas.

It's new

Kulinarik im Aufschwung

Portugals Küche genoss lange Zeit nicht den besten Ruf. Doch hier hat sich in letzter Zeit viel getan und kulinarisch rückt als Reiseland zunehmend ins Rampenlicht. Immer mehr Köche zwischen Porto und der Algarve machen von sich reden, 2017 erhielten 21 Restaurants die begehrten Michelin-Sterne (insgesamt 26)! Dazu gesellt sich neuerdings eine gefeierte Mikrobrauerei-Szene.

365 Algarve - jeder Tag zählt

Das brandneue Veranstaltungsprogramm schlägt Algarve-Urlaubern an 365 Tagen im Jahr spannende Events und Unternehmungen aus den Bereichen Kunst, Kultur, Musik, Kulinarik, Theater, Tanz usw. vor. www.365algarve.pt/de

Richtungsweisende Museen

Eine Reihe von sensationellen Museen wurden in den letzten Jahren eröffnet, etwa das MAAT – Museum für Architektur, Kunst und Technologie in Lissabon (www.maat.pt). Seit Frühjahr 2018 empfängt das innovative MUDE – Museum für Design und Mode in Lissabon (ursprünglich aus 2009) nach einem dreiviertel Jahr Komplettumbau wieder Besucher (www.mude.pt).

Hotelneuheiten in Lissabon

In der portugiesischen Hauptstadt eröffnen 2018 einige spektakuläre neue Hotels – u. a. das The One Palácio da Anunciada 5* (Palast aus dem 16. Jahrhundert in bester Zentrumslage), das Palácio Azul Boutique Hotel 5*, das Hotel Palácio Ludovice 4,5* oder das Hotel Real Maxime 4*. www.visitlisboa.com

Schöner Wohnen

Gute alte Zeit: Casa do Nato (Turismo Rural), Küste Nordportugal

Die Casa do Nato im kleinen Küstendörfchen Carreço nördlich von Viana do Castello ist ein wunderschön hergerichtetes historisches Landgut mit acht Gästezimmern. Hier gefallen ein geniales Frühstück, ein riesiger Garten mit Pool und zahlreichen Sitzgruppen, eine Gästeküche samt Barbecue, ein Billardtisch im Wohnzimmer und die nur 1,4 Kilometer zum Meer. Das Doppelzimmer mit Frühstück gibt es schon ab 65 Euro! www.casadonato.com

Luxus-Urlaubs-Hideaway: Six Senses Douro Valley, Nordportugal

Besser geht's nicht: naturverbundenes und regional verwurzeltes Luxushotel in einem Herrenhaus aus dem 19. Jahrhundert mit modernem Zubau, direkt am Fluss Douro, Hauptthemen sind Wellness und Wein. Zimmer, Service, therapeutischer Spa, Sport- und Ausflugsangebot, Kulinarik, Garten, Pool... alles auf höchstem Niveau – allerdings zum stolzen Preis: Doppelzimmer mit Frühstück ab 320 Euro für zwei. www.sixsenses.com/dourovalley

Offene Küche im Restaurant des Six Senses Douro Valley

Luxus vom Feinsten im Hotel Six Senses Douro Valley

Gut zu wissen

Die Strände des Atlantik

Festland-Portugal verfügt über 850 Kilometer Küstenlinie und 300 Strände mit der Auszeichnung „Blaue Flagge". Die zahlreichen Traumstrände am Atlantik sind dennoch alles andere als überlaufen. Das hat seinen Grund: Der Atlantik agiert als gewaltige Klimaanlage, die Wellen tosen wild heran und bringen kühle Luft mit. Selbst im Juli erreichen die Temperaturen an der (oft nebligen) Küste selten 25 Grad. Ganz im Südwesten des Landes, beim Cabo de São Vicente, dreht der Küstenverlauf von Nord-Süd auf West-Ost. Hier liegt die Algarve: Mit ihrem deutlich wärmeren Klima lockt sie wesentlich mehr Touristen an.

Infos:

www.visitportugal.com/de, http://de.visitportoandnorth.travel, www.visitalgarve.pt, www.visitmadeira.pt

Nachreisen leicht gemacht – Angebotsbeispiel:

„Portugals Norden – Wein, Kultur & faszinierende Landschaften": 8-tägige Mietwagenrundreise ab/bis Porto – inkl. sieben Übernachtungen im Doppelzimmer mit Frühstück und Mietwagen (Kat. VW Up o.ä.); Reiseverlauf laut Programm.
Preis pro Person (ohne Anreise) ab 425 Euro.
Gesehen im DERTOUR-Katalog „Portugal"; tagesaktuelle Flugpreise und Buchung in jedem guten Reisebüro oder auf www.dertour.at

Die üppige Schöne am Guadalquivir

Sevilla, die südspanische Metropole des Flamencos und der barocken Kunst, ist laut Lonely Planet die beste Stadt der Welt und präsentiert sich ab 2018, dem 400. Jubiläumsjahr des Malers Bartolomé Esteban Murillo, noch schöner.

Sevilla, die Hauptstadt Andalusiens, liegt wunderschön am Fluss Guadalquivir

„Camerón, nur Camerón!" gibt sich der Barista des Café La Cacharreria im Herzen der Altstadt von Sevilla überzeugt und verdreht genießerisch die Augen. „Er ist der Allerbeste!" Aus dem Lautsprecher tönen Rhythmus und südländisches Temperament: klagender Gesang, die Gitarre intoniert rassige Arpeggien, Kastagnetten schlagen den Takt: Flamenco-Musik vom Feinsten! „So leidenschaftlich ist nur ist Camerón de la Isla", bekräftigt er nochmals, während er unseren Café solo über den Tresen schiebt.

Authentische Flamenco-Bühne Los Gallos

Sevilla im Süden Spaniens ist eine Stadt, die zum Theatralischen neigt. Der Flamenco ist Ausdruck ihrer Seele, hier beheimatet und Essenz verschiedenster Kulturen. Im 15. Jahrhundert brachten die Gitanos (Zigeuner) ihre musikalischen Traditionen nach Andalusien. Ihre Gesänge von Leid und Ausgrenzung mischten sich mit der Musik der Mauren, den liturgischen Trauerliedern der Sepharden sowie dem christlichen Liedgut. Tragendes Element ist der Gesang, Tanz und Gitarre sind untergeordnet. Gut dargebotener Flamenco geht durch Mark und Bein und kommt aus dem Innersten der Seele – bis der Funke überspringt. Dann nimmt der Duende (Dämon) vom Zuhörer Besitz. Uns hat er schon erwischt!

Traditionelle Flamenco-Tücher

Authentischen Flamenco zu erleben, ist in Sevilla nicht schwer, Tablaos (Flamencobühnen) gibt es zahlreiche. Das Tablao Flamenco „Los Gallos" auf der Plaza de Santa Cruz in Sevilla (www.tablaolosgallos.com) genießt den Ruf, eine der besten Flamenco-Adressen Spaniens zu sein. Die Darbietungen hier haben nichts mit Touristen-Kitsch oder groß-getupften Rüschenkleidern zu tun, hier zählen der tief empfundene Gesang, der feurige Rhythmus der Gitarristen und die geschmeidigen Bewegungen der Tänzerinnen. Noch mehr Flamenco gefällig? Im Kulturzentrum „La Carbonería" tritt gerne der Nachwuchs auf, im Museo del Baile Flamenco (www.flamencomuseum.com) können Interessierte tief in die Materie eintauchen und in der Casa del Flamenco (www.lacasadelflamencosevilla.com) im Barrio de Santa Cruz sogar am Puls des Flamencos nächtigen.

Sevilla, du Hübsche!

„Guapa!" – „du Hübsche!" nennen die Einheimischen ihre Stadt. Wie ein Kompliment an eine schöne Frau. Und genau so gibt sich Sevilla: als Diva mit dem Hang zum Prahlen. Sie hat allen Grund dazu: Sevilla, einst Römergründung, Gotenresidenz, stolze Maurenstadt und 1248 von den Christen zurückerobert, stieg im 16. Jahrhundert mit ihrem Flusshafen am Guadalquivir (übrigens arabisch für „großer Fluss") zum Welthandelszentrum auf. Die damals größte Stadt des Königreichs Spanien besaß als einzige das Monopol für den Handel mit der Neuen Welt. Sevilla wurde Drehscheibe für Eroberer, Händler und Missionare; sie brachten Waffen, Waren und Glauben über den Atlantik. Schiffladungen voll Gold und Silber kamen aus Amerika. Und aus ganz Europa eilten Kaufleute in die Metropole des Kapitals, um am Reichtum teilzuhaben. Im frühen 17. Jahrhundert war Sevilla Zentrum der Kunst, von hier aus eroberte die spanische Malerei des „Siglo de Oro" (Goldenes Jahrhundert) die Welt.

Maurisches und jüdisches Erbe

Sevilla bezaubert immer noch: mit maurischem Erbe wie dem Real Alcázar (der maurische Königspalast und -garten wird auch „kleine Alhambra" genannt) und barocker Pracht in Kirchen und Stadtresidenzen des ehemaligen (Geld)Adels – schön wie aus 1001 Nacht. Inbegriff für den Charme Sevillas ist das mittelalterliche Barrio Santa Cruz, das ehemalige jüdische Viertel. Das im späten 19. Jahrhundert revitalisierte Labyrinth aus engen Gässchen entzückt mit zweistöckigen Häuser im andalusischen Dorfstil, lauschigen Plätzen mit Brunnen und duftenden Orangenbäumen, Balkons mit Geranien und Bougainvilleas sowie gekachelten

Die bildschöne Plaza España in Sevilla

Innenhöfen. Weltberühmt wurde das Barrio Santa Cruz als Schauplatz romantischer Opern wie „der Barbier von Sevilla", „Figaros Hochzeit" oder „Carmen".
Nicht minder theatralisch ging die Hauptstadt Andalusiens den Bau ihres großartigen Gotteshauses an: „Lasst uns eine Kathedrale bauen, so ungeheuer groß, dass jeder, der sie sieht, uns für verrückt hält", sollen die Kirchenväter anno 1401 als Motto ausgegeben haben. Gesagt, getan: Die ursprüngliche Moschee wurde bis auf zwei Elemente abgerissen, auf ihrem rechteckigen Grundriss entstand die drittgrößte Kathedrale der Christenheit (nur der Petersdom in Rom und St. Paul's in London sind noch gewaltiger). Von der Moschee geblieben sind der Patio de los Naranjos (Orangenhof) und die Giralda, der 93 m hohe Kirchturm und Wahrzeichen Sevillas.

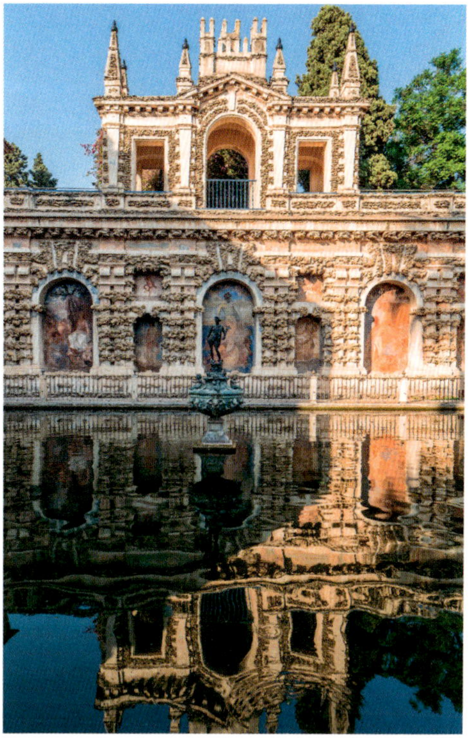

Brunnenanlage im Alcázar, dem mittelalterlichen Königspalast

Heimatstadt Murillos

Genau in dieses üppige Sevilla hinein wurde am 1. Jänner 1618 – also vor 400 Jahren – Bartolomé Esteban Murillo geboren. Seine realistischen Szenen von Bettlerkindern in Sevilla, die Darstellungen der entrückten Jungfrau Maria mit dem Jesuskind oder spanischer Volkskunst sind nicht nur in Spanien populär. Seine vom Naturalismus, von farblicher Nüchternheit sowie dramatischen Licht- und Schatteneffekten geprägten Gemälde sind Ausdruck des Goldenen Zeitalters. Ohne Zweifel ist Murillo einer der bedeutendsten Barockmaler Spaniens, ein richtungsweisender Ausnahmekünstler. 400 Jahre danach wird der große Sohn Sevillas opulent gefeiert. Das Jubiläumsjahr warf schon lange Schatten voraus, veränderte die gesamte Stadt und hallt noch lange nach.

Die beste Stadt der Welt feiert ihren Sohn

Am 24. Oktober 2017 knallten auf der zentralen Plaza de la Virgen de los Reyes die Champagner- (pardon!) Cava-Korken. Der weltweit renommierte Reiseführer Lonely Planet gab bekannt, dass Sevilla zur Stadt Nummer 1 „Best in Travel 2018" gekürt wurde. Die Hübsche am Guadalquivir ist also die beste Stadt der Welt, die es derzeit zu bereisen gilt!
„Es ist das erste Mal, dass eine spanische Stadt diese Auszeichnung erhält – und eine unglaubliche Anerkennung!", jubelt Javier Zaldúa, General Manager des Reiseführer-Verlags

in Spanien, vor versammelter Menschenmenge. Als Gründe nannte Lonely Planet den enormen historischen und künstlerischen Reichtum, die Wiederbelebung Sevillas in den letzten Jahren, den richtungsweisenden Blick in die Zukunft sowie die Feierlichkeiten zum Murillo-Jahr als weltweit außergewöhnliches Großereignis.

Nur selten ist ein Maler derart eng mit einer Stadt verwoben wie Bartolomé Esteban Murillo mit Sevilla, sein ganzes Leben lang arbeitete er hier und seine Kunst keimte aus den tiefsten Wurzeln der lokalen Kultur auf. Die Feierlichkeiten um seine Person binden die ganze Stadt sowie die Bevölkerung mit. Der Eventreigen 400 Jahre Murillo zeigt eine moderne 690.000-Seelen-Stadt, die ihre Wurzeln umarmt und diese in die Zukunft weiterführt (s. „It's new").

Und natürlich darf in der Stadt des Flamencos auch die Musik nicht zu kurz kommen: Eine wohlklingende Zeitreise führt zurück ins 17. Jahrhundert und präsentiert Barock-Kompositionen von Murillos Wegbegleitern und Zeitgenossen. Die Hübsche am Guadalquivir ist jetzt noch attraktiver und gefällt als lebendige Kulturstadt am Puls der Zeit. Nicht verpassen!

Der farbenfrohe Stadtteil Santa Cruz war früher das Judenviertel

Warum hinfahren?

Die beste Stadt der Welt

Jeden Oktober wartet die Reisebranche gespannt auf das Ergebnis des Destinationswettbewerbs „Best in Travel“ von Lonely Planet, dem beliebtesten Reiseführer weltweit. Hier werden jährlich die zehn besten Reisedestinationen der Welt in vier Kategorien gewählt: Städte, Regionen, Länder sowie Reiseziele mit dem besten Preis-Leistungs-Verhältnis. Die Experten und die 1,5 Millionen Personen starke Reise-Community wählten Sevilla aktuell zur Stadt Nummer 1. Die Hauptstadt Andalusiens stellt Mitbewerberinnen wie Detroit (USA), Canberra (Australien), Hamburg (Deutschland) und Kaohsiung (Taiwan) in den Schatten.

Sevilla erfindet sich neu

In den letzten zehn Jahren erlebte Sevilla einen starken Wandel: Die einst verkehrsgeplagte südspanische Metropole wurde zur Fahrradstadt. Auch die kulturelle Vergangenheit ist neu belebt, die Renaissance der Stadt findet im Murillo-Programm ihren Höhepunkt. Sevilla mischt mutig Tradition und Innovation, Restaurants und Bars folgen den neuesten Gourmet- und Modetrends, vergessen aber ihre wunderbare Tapa-Tradition nicht.

Sevilla ist stolz auf neue architektonische Wahrzeichen: der futuristische Metropol Parasol nahe der Altstadt des deutschen Architekten Jürgen Mayer H. gilt mit seinem 150 Meter langen Rippenwerk als größte Holzkonstruktion der Welt und der Sevilla Tower ist der höchste Wolkenkratzer Andalusiens. Die Stadt präsentiert sich auch gerne einem Film-Millionenpublikum und taucht in Blockbusters wie „Star Wars“ und „Lawrence of Arabia“ sowie in der Serie „Game of Thrones“ auf. Ende 2018 ist der 31. Europäische Filmpreis zu Gast.

Der heutige Kathedralen-Turm Giralda war einst das Minarett der Hauptmoschee von Sevilla

It's new

400. Geburtstag des Barockmalers Murillo

Die Stadt Sevilla feiert bis ins Jahr 2019 hinein ihren großen Sohn, den Barockmaler Bartolomé Esteban Murillo mit einem außergewöhnlichen Veranstaltungsreigen. Es gibt acht Großausstellungen – unter anderem in der Kathedrale, im Alcázar, im Kulturzentrum Santa Clara und in der Casa Murillo; insgesamt sind 600 Werke zu sehen. Zwei Murillo-Routen verbinden 20 Schauplätze aus seinem Leben und eine Open-Air-Ausstellung präsentiert großformatige Reproduktionen. Die ehemalige Priesterresidenz Hospital de los Venerables zeigt, wie Sevilla zu Lebzeiten des Künstlers ausgesehen hat; die Schau „400 Jahre später" ist eine multidisziplinäre Hommage von 60 zeitgenössische Nachwuchsartisten mit modernsten 3D-Technologien. Weiters gibt es Musik von Murillos Zeitgenossen, Bildungsangebote sowie das Gastronomieprogramm „Murillo bittet zu Tisch" mit Tapas und typischen Gerichten

Private Kunstsammlung für alle

Sevilla ist um eine neue Attraktion reicher: das Museum Bellver. Die 943 Werke umfassende Privatsammlung des Kunstliebhabers Mariano Bellver ist noch heuer in einem Gebäude aus dem 16. Jahrhundert im Zentrum von Santa Cruz für die Öffentlichkeit zugänglich.

Neue königliche Absteigen

Stilvollen Luxus bieten die beiden neue Palast-Hotels Mercer Casa Palacio Castelar 5* GL (Gran Lujo/großer Luxus) nahe der Kathedrale mit zwölf edlen Zimmern, Dachpool, Restaurant und Bar (www.mercersevilla.com) sowie das Hotel Legado Alcázar 4* im Komplex des ehemaligen Königspalastes (www.legadoalcazarhotel.com).

Sevilla-Tower: Wellness mit Aussicht

Der Sevilla Tower, der siebenthöchste Wolkenkratzer Spaniens, beherbergt das neue Kulturzentrum CaixaForum sowie von Stock 25 bis 37 das neue Hotel Eurostars Torre Sevilla 5* mit Panorama-Spa im 35. Stock.

Schöner Wohnen

Geschichte zum Bewohnen: El Rey Moro Hotel Boutique 3*, Sevilla

Typisches Altstadthaus aus dem 16. Jahrhundert im Gassengewirr von Santa Cruz gelegen. Der schöne Innenhof ist eine Oase der Ruhe, herrlich ist auch der Whirlpool auf der Dachterrasse mit Blick auf den Kathedralenturm Giralda. www.elreymoro.com

Klein, fein, Luxus: Casa del Porta 4*, Sevilla

Gefühlvoll restauriertes Boutiquehotel mit 17 edlen Zimmern in einem Altstadtpalais aus dem 17. Jahrhundert. Im Innenhof plätschert ein Springbrunnen, jeden Abend gibt's live andalusische Gitarrenmusik. www.casadelpoeta.es

Gut zu wissen

Ohne Anstellen in den Alcázar

Der Königspalast Alcázar (mit 1,5 Millionen Besuchern pro Jahr das meistfrequentierte Monument Sevillas) offeriert ein neues Online-Buchungssystem mit Tickets am Smartphone. Schlange stehen an der Kassa gehört der Vergangenheit an. www.alcazarsevilla.org

Maurische Baukunst im Real Alcázar

Nachtleben und Sommerhitze

Die (Süd)Spanierinnen und (Süd)Spanier – leben nach einer anderen inneren Uhr als Mitteleuropäer: Abendessen gibt es kaum vor 23 Uhr! Von Juli bis September wird es in Sevilla extrem heiß (Höchsttemperatur 46,6 Grad 1995), in der Mittagszeit ist Siesta angesagt, zahlreiche Geschäfte sind geschlossen. Im Hochsommer Sevilla meiden!

Infos:

www.visitasevilla.es/de, www.murilloysevilla.org/en, www.andalucia.org, www.andalucia.org/de/flamenco, www.spain.info/at

Der „neue" Süden der Grand Nation

Die Provence und Côte d'Azur kennt jeder – aber Okzitanien? Die südfranzösische Region sollte auf jeder Reise-Wunschliste stehen, denn sie zeigt die wahren, versteckten Schätze Frankreichs. Die Hauptstadt Toulouse ist 2018 zudem Zentrum der Wissenschaft.

Im Cirque de Gavarnie in den Pyrenäen rauscht der höchste Wasserfall Europas

Mit dem Retrolook-E-Bike im Blumendorf Camon

Das Gefährt sieht aus wie der Verschnitt aus einer minimalistischen Harley-Davidson und einer Vespa. Tatsächlich ist es ein E-Bike im charmanten Retro-Look: Brauner Ledersattel mit Stahl-Federn, weiße Pneu, knallrote Felgen, chromglänzende Scheinwerfer. „Auch wir wollen uns dem Vintage-Look optisch anpassen", lacht Outdoor-Guide Caroline Roubeyrie (www.cvloffroad.com) und reicht uns runde Fliegerbrillen und Lederkappen. Schon strampeln wir los, zu einer Radtour mit Elektro-Unterstützung durch die sanfthügelige Landschaft des Pyrenäen-Vorlandes. Bald erreichen wird das entzückende Mittelalterstädtchen Mirepoix. Der mit Fachwerkhäusern aus dem 14. Jahrhundert umrahmte Marktplatz gehört zu den allerschönsten in Südfrankreich: Das Altstadtensemble aus dem 13. und 14. Jahrhundert ist geschlossen erhalten und präsentiert sich herausgeputzt wie ein begehbares Bilderbuch. Carolines Retro-Bikes erscheinen als passendes Gefährt für diese Zeitreise ins Mittelalter.

Vielfältige Region Okzitanien

Mittelalterliches Mirepoix

Mirepoix ist eine der vielen kostbaren Kleinode, die es im südfranzösischen Okzitanien (französisch: Occitanie) zu entdecken gilt. Die Region ist unglaublich reich an Geschichte und erzählt diese in insgesamt 4.500 kulturhistorischen Baudenkmälern, acht UNESCO-Welterbe-Stätten und 26 sogenannten „Grand Sites" (herausragende Sehenswürdigkeiten). Aber auch die großartige Natur der Pyrenäen und ihres hügeligen Vorlandes locken in den äußersten Süden der Grand Nation.

Von Mirepoix aus setzen wir unsere Retro-Zeitreise fort: Über die Radroute „Voie verte en Pyrénées cathares", die auf einer aufgelassenen Bahnlinie verläuft, erreichen wir die Festung Montségur (die letzte Zufluchtsstätte der Katharer), die Burgruine von Lagarde mit ihrem schönen Panoramablick bis zu den Pyrenäen und das Blumendorf Camon mit seiner befestigten Abtei.

Bilderbuch des Mittelalters: Carcassonne

Der geschichtliche Höhepunkt Okzitaniens ist zweifelsfrei Carcassonne. Schon von Weitem sieht man die eindrucksvolle Silhouette dieser großartigen mittelalterlichen Festungsstadt. Carcassonne war ab dem 12. Jahrhundert Hochburg der Katharer (auch Albigenser genannt), die die ganze Region prägten. Sie gründeten als Gegenbewegung zum Katholizismus ihre eigene Kirche und widersetzten sich sowohl dem römischen Papst als auch dem König von Frankreich. 1209 rief Papst Innozenz III. zum Kreuzzug gegen das ketzerische Treiben auf, doch es dauerte über 100 Jahre, bis die letzten Rebellen aus dem wehrhaften Carcassonne vertrieben werden konnten.

Der Aufstieg Carcassonnes setzte sich danach fort: Unter der französischen Krone wurde die Festung ein Bollwerk gegen das Königreich Aragon. Ein zweiter Mauerring machte sie uneinnehmbar. Mit dem Pyrenäenfrieden im 17. Jahrhundert verlor Carcassonne seine strategische Bedeutung und fiel in einen ruinösen Dornröschenschlaf. Erst Ende des 19. Jahrhunderts brachten 50 lange Jahre aufwändiger Renovierungen das stolze Erscheinungsbild zurück.

„La Cité", wie die rekonstruierte Burgfestung oben am Hügel von den Einheimischen genannt wird, präsentiert sich heute mit 52 Türmen, vier Stadttoren, einem drei Kilometer langen Stadtmauer-Ring und einem intakten historischen Häuserensemble. Die größte und besterhaltene mittelalterliche Festungsanlage Europas ist noch weit schöner als das gleichnamige Brettspiel, sie inspirierte Walt Disney und ist Kulisse zahlreicher Historienfilmen (z. B. „Robin Hood" mit Kevin Costner in der Hauptrolle).

Der doppelte Mauerring von Carcassonne

„Carcassonne ist wie ein Sandwich der Geschichte", schmunzelt Stadtguide Sarah Seguy, „jede Gesteinsschicht erzählt von einer anderen Epoche. Und trotzdem ist La Cité kein lebendiges Museum. In der Burg leben heute noch rund 50 Menschen und wir Einheimische kommen gerne aus der Unterstadt ‚La Bastide' herauf, um oben Freunde zu treffen. Die Atmosphäre hier ist ohnegleichen!"

Blaue Wunder durch die rosarote Brille

Einzigartig präsentiert sich auch Toulouse, die „neue" Hauptstadt der 2016 geschaffenen Verwaltungsregion Okzitanien (sie entstand aus dem Zusammenschluss der Regionen Languedoc-Roussillon und Midi-Pyrénées). Die schöne Stadt am Fluss Garonne macht einen Spagat zwischen Historie und Zukunft und offenbart ihre 2.000 Jahre dauernde Geschichte in ihrer Altstadt (UNESCO-Kulturerbe). Hier gefallen herrschaftliche Patrizierhäuser aus der Renaissance, der eindrucksvolle Hauptplatz Capitole, der einzigartige Jakobiner-Kreuzgang und viele interessante Museen. Die viertgrößte Metropole Frankreichs trägt den Beinamen „rosarot", denn in Ermangelung anderer Baumaterialien wurden die Prachtbauten aus Backstein errichtetet. Lichtreflexe darauf lassen Toulouse wie durch eine rosarote Brille erscheinen. Ihren Reichtum verdankt die Stadt jedoch der Farbe Blau bzw. der Pflanze Färberwaid. Pastel, wie die kostbaren Farbpigmente heißen, sorgte ab 1460 für ein goldenes Zeitalter. Heute präsentiert sich die Stadt an der Garonne lebensfroh und versteht es zu feiern, ein Viertel der 440.000 Einwohner sind Studenten. Toulouse ist auch Zentrum der Luftfahrt und für seine Höhenflüge bekannt: Hier wurden die berühmte Concorde, der erste Airbus sowie der Großraumflieger A380 gebaut. Das Luft- und Raumfahrtmuseum „Aeroscopia" samt Montagehalle des A380, die Weltraumstadt „Cité de l'Espace" und das Luftfahrt-Museum „Piste des géants aéro" (s. „It's new") begeistern nicht nur Technikfreaks.

Backstein-Arkaden am Hauptplatz von Toulouse

Naturschönheiten in den Pyrenäen

Wanderfreunde kommen in den Pyrenäen auf ihre Rechnung. Mit der 430 Kilometer langen Gebirgskette und dem höchsten Berg Pico de Aneto (3.404 m) gibt sich die Region auch hochalpin. Eine imposante Naturschönheit ist der Cirque de Gavarnie. Das Rauschen des Wassers ist ohrenbetäubend: Vor uns türmt sich wie ein Amphitheater aus Fels

ein 1.700 Meter hoher Talkessel mit 14 Kilometer Umfang auf. Über 420 Meter stürzt eine mächtige Kaskade in die Tiefe. Es ist der höchste Wasserfall Europas! Rundum ergießen sich weitere 23 kleinere Sturzbäche. Das Naturschauspiel ist überwältigend!
Der umgebende „Parc National des Pyrénées" ist mit seinen 3.000er-Gipfeln der wildeste Teil Okzitaniens. Schon frühzeitig zog er Romantiker, Maler und Dichter an: Ab dem 16. Jahrhundert wurde Gavarnie zur Wiege des sogenannten „Pyrénéisme", einer romantischen Verklärung des Gebirges und seiner Bewohner. Reisende der besseren Gesellschaft strömten herbei, unter ihnen Kurt Tucholsky und Victor Hugo. Letzterer setzte dem Felskessel mit einer Ode ein literarisches Denkmal und besingt Gavarnie als „Kolosseum der Natur".

Lac de Gaube im Parc National des Pyrénées

Ähnlich und doch anders

Die Pyrenäen blicken auf eine ähnliche Entstehungsgeschichte wie unsere Alpen zurück, Vegetation und Bergformationen unterscheiden sich auch kaum. Die Täler und ihre Ortschaften jedoch präsentieren sich völlig anders. Hier dominiert die Romanik. So gut wie jedes Dörfchen verfügt über eine großartige Kirche aus dem 12. bis 14. Jahrhundert. Kulturhistorisch wertvoll sind auch zahlreiche mittelalterliche Burgen und Schlösser sowie prähistorische Höhlen. Aus dem Erdboden sprudeln wirksame Thermalquellen, in denen schon die Römer kurten.
Im 19. Jahrhundert brach in den Heilbädern das goldene Zeitalter aus und schmucke Belle-Époque-Kurstädtchen entstanden. Bagnères-de-Luchon war mit seinem Casino genauso bedeutend wie Saint-Tropez. Hier urlaubten Kardinal Richelieu, Kaiser Napoléon III., die Schriftsteller Alexandre Dumas und Gustave Flaubert sowie Prinz Albert I. von Monaco. Dann zog der Jetset wieder ab und die schmucken Jugendstil-Badeanstalten fielen in einen Dornröschenschlaf. Die Prachtbauten von anno dazumal setzten mittlerweile Patina an, Heilbäder wie Luchon, Luz-Saint-Sauveur, Bagnères-de-Bigorre oder Ax-les-Thermes laden in verstaubt-charmanten Ambiente aber bis dato zu Badefreuden ein. Eine andere Art der Zeitreise und durchaus zu empfehlen!

Der Charme ehemaliger Kurorte: Thermalbad Bagnères-de-Luchon …

… und die Therme Luzea in Luz Saint Sauveur

Warum hinfahren?

„Neue“ Region, authentisches Südfrankreich

Nach einer Verwaltungsreform wurden per 1. Jänner 2016 die Midi-Pyrénées und Languedoc-Roussillon zur Großregion Okzitanien (Occitanie) zusammengelegt. Diese zweitgrößte Region Frankreichs offenbart eine immense Vielfalt: unberührte, wilde Natur in den Pyrenäen, reizvolle und geschichtsträchtige Dörfer und Städte, unermessliche kulturelle und prähistorische Schätze sowie perfekte Strände an 200 Kilometer Mittelmeerküste zwischen der Camargue und der spanischen Grenze. Die Preise sind für Frankreich generell günstig, speziell das Landesinnere ist touristisch wenig erobert.

Toulouse: Hauptstadt der Region und der Wissenschaft

Toulouse, die Hauptstadt Okzitaniens, ist für ihre junge Lebensart bekannt. Die Luftfahrt-Hochburg und drittwichtigste Universitätsstädte Frankreichs konnte dennoch eine Prise Provinz-Charme bewahren. 2018 ist Toulouse „European City of Science“ (s. unten).

It’s new

Toulouse: European City of Science

„EuroScience Open Forum“ (ESOF), das größte interdisziplinäre Treffen Europas für Wissenschaft und Innovation findet alle zwei Jahre in einer anderen Stadt statt, aktuell

Backstein-Bauten machen aus Toulouse die „rosarote Stadt“

in Toulouse. Bei 300 Events tauschen sich 4.000 Kapazitäten verschiedenster Disziplinen aus. Das „Science in the City Festival" ist der breiten Öffentlichkeit gewidmet und involviert Schüler und Studenten. Das ganze Jahr 2018 über gibt es ein spannendes Rahmenprogramm. (www.esof.eu)

Toulouse, die junge Studentenstadt an der Garonne

Luftfahrt-Museum „Piste des géants aéro"

Ende 2018 eröffnet in Toulouse eine dritte Erlebniswelt zum Thema „Aeronautik": Das Museum „Piste des géants aéro" widmet sich in drei Hallen der 100-jährigen Geschichte der Luftpost, der Luftfahrt allgemein und ihrer Pioniere. www.toulouseaerospace.com/en

Römergeschichte(n) in Nîmes und Narbonne

In der Stadt Nîmes lädt ab Juni 2018 das Musée de la Romanité ein: Die Ausstellungen in einem architektonisch eindrucksvollen Bauwerk gegenüber des antiken Amphitheaters zeigen die Römerzeit in einem neuen Licht (www.ot-nimes.fr).Der britische Stararchitekt Norman Foster realisiert gerade in Narbonne das Museum MuRéNa, das sich der römischen Vergangenheit dieser Küstenstadt widmet.

Wohnen im Schloss und am Strand

Neu sind die beiden Schlosshotels Château de Pondres 4* in Villevieille samt 15 Hektar großem Park (www.chateaudepondres.fr) und das Château de Drudas 4* mit Spa und Michelin-Sterne-Restaurant nordwestlich von Toulouse (www.chateaudedrudas.com). Im Badeort Carnon bei Montpellier eröffnet 2018 das Hotel Costes 5* mit Privatstrand und Balneotherapie-Zentrum (www.lhotelsurlaplage.com).

Schöner wohnen

La Cour des Consuls Hotel und Spa 5*, Toulouse

Boutiquehotel in einem herrlichen Stadtpalais im Zentrum der Stadt mit Gourmet-Restaurant Le Cénacle. www.cite-hotels.com/hotels/la-cour-des-consuls-hotel

Pavillon Sévigné, Bagnères-de-Luchon

privates Bed & Breakfast in einer historischen Villa mit schönem Garten. Gastgeber Embault de Rivoyre kümmert sich liebevoll um seine Gäste. www.pavillonsevigne31.com

Zimmer mit Charme: Pavillon Sévigné in Bagnères-de-Luchon

Hotel de la Cité 4*, Carcassonne

mitten in der Altstadt, herrliche Panoramaterrasse (mit Pool); Gourmet-Restaurant La Barbacane. www.hoteldelacite.com

Gut zu wissen

Keine Sprach-Scheu und Anreisetipps

Das lange gehegte Vorurteil der Sprachbarriere in Frankreich gilt immer weniger: Die Franzosen sprechen vermehrt Englisch und bemühen sich meist sehr um ihre ausländischen Gäste. Zeigt der Sprachunkundige ein wenig Entgegenkommen mit ein paar Brocken Französisch, ist das Eis schnell gebrochen.

Die Flugverbindungen nach Okzitanien sind vielfältiger und einfacher als man denkt: mit nur einmal umsteigen geht es von Wien nach Toulouse – z. B. mit Lufthansa (über München oder Frankfurt, www.lufthansa.com), Air France (Paris, www.airfrance.at) oder Brussels Airlines (Brüssel, www.brusselsairlines.com). Für das östliche Okzitanien empfiehlt sich der Volotea-Low Cost Flug Wien – Marseille (jeden Freitag und Montag bzw. Dienstag in der Sommer-Flugsaison – www.volotea.com).

Infos:

www.tourismus-okzitanien.de, www.pyrenees-holiday.com, www.toulouse-tourismus.de, www.tourismus-carcassonne.de, www.france.fr

Nachreisen leicht gemacht - Angebotsbeispiel:

„Auf den Spuren der Katharer": 6-tägige Tour im eigenen Auto ab/bis Couiza nahe Toulouse – inkl. fünf Übernachtungen im Doppelzimmer mit Halbpension.

Preis pro Person (eigene Anreise) ab 563 Euro.

Gesehen im DERTOUR-Katalog „Frankreich"; tagesaktuelle Flugpreise und Buchung in jedem guten Reisebüro oder auf www.dertour.at

Wohnen in der Burg: Hotel de la Cité Carcassonne

Die alte Hexe macht sich fein

Sizilien ist mit seinen immensen Kulturschätzen immer eine Reise wert, seine Hauptstadt Palermo heruntergekommen und prächtig zugleich. Wer die einzigartige Aufbruchsstimmung, beflügelt durch den Titel „Kulturhauptstadt Italiens" miterleben will, muss jetzt eine süditalienische Reise* machen.

Schönheit und Verfall unmittelbar nebeneinander, hier die Piazza Pretoria in Palermo

Kutschen vor dem Teatro Massimo, dem drittgrößten Opernhaus Europas

Rhythmische Techno-Klänge wabern aus gigantischen Lautsprechertürmen, an fahrenden Verkaufsständen werden geistreiche Getränke ausgeschenkt, auf der improvisierten Tanzfläche vor dem barocken Springbrunnen wogt das junge Volk, ein DJ heizt ein. Samstagnacht verwandelt sich die Piazza im Centro Storico von Palermo in eine überfüllte Open-Air-Diskothek. Die Stimmung kocht. Doch die Kulisse dazu ist – zumindest für uns Mitteleuropäer – mehr als verwirrend: Um uns herum nichts als Ruinen mit blinden Fensterhöhlen und bröckelnde, rußgeschwärzte Fassaden. Der ganze Block ist unbewohnt und verlassen, mit flatternder Wäsche und grellbunten Graffiti von der alternativen Kunst- und Hausbesetzerszene vereinnahmt. „Ja, hier wohnt niemand mehr", bestätigt Dario Salzano, unser junger Sizilien-Guide. „In der Altstadt sind ganze Viertel heruntergekommen. Viele einstige Prachtbauen stehen leer und verfallen." Nachbarschaftsprobleme und Lärmbelästigung sind hier also kein Thema – so machen die Palermitaner aus der Not eine Tugend und veranstalten improvisierte Street-Clubbings im historischen Zentrum. Mal da, mal dort. „Oft weiß nur die lokale Bevölkerung, wo gerade eine Party steigt. Wo einst der Adel residierte, macht sich heute ein alternatives Milieu breit", erklärt Dario. Und ergänzt wehmütig: „Unsere Stadt ist wie eine Hexe: Schön und hässlich zugleich!"

Schmelztiegel und Hexenkessel

In der Tat ist Palermo ein Hexenkessel: Die sizilianische Hauptstadt ist chaotisch, laut, verkommen, abstoßend – aber auch prachtvoll. „Paleimo", wie die Bewohner sagen, kann man nur lieben – oder hassen. Laue Neutralität lässt die Stadt nicht zu. In der 700.000-Seelen-Metropole vereinigen sich alle Fragwürdigkeit, alles Elend, aber auch alle Lebensfreude, Farbenpracht und Vielfalt der Insel. Das barocke Centro Storico, mit 240 Hektar eine der größten Altstädte Europas, stirbt langsam vor sich hin. Und wird doch von Tag zu Tag lebendiger.

Piazza San Domenico mit Marktstand

Der riesige Schmelztiegel der Völker und Kulturen ist eine Stadt der Kontraste: Gleich hinter der schicken Einkaufsmeile Via Roma steht man vor Ruinen, zwischen verwahrlosten Abrisshäusern glänzen proper restaurierte Palazzi. Dritte Welt trifft auf unermessliche Kulturschätze.

Einzigartig ist auch die Geschichte Palermos: Die Stadt am Tyrrhenischen Meer wurde von den Phöniziern gegründet und ist älter als Rom. Unter den Griechen erhielt sie ihren vielsagenden Namen: „Panormos" – „alles Hafen". Zur ersten Blüte kam es unter den Arabern – mit glänzenden Goldkuppeln von mehr als 200 Moscheen. Unter den Normannen, die ab 1091 herrschten, ging es nochmals aufwärts: Der Volksstamm aus Nordeuropa verstand es, das Schönste aller Kulturen zu vereinigen. Der prachtvolle Arabisch-Normannische Stil Palermos, der islamische Ikonografie mit christlichen Darstellungen vereint, prägt bis heute das Stadtbild und ist weltweit einzigartig.

Am prachtvollsten funkelt das Innere des Doms von Monreale, am Hügel oberhalb von Palermo. Die herrlichen Einlegearbeiten auf goldenem Grund bilden den größten Mosaikzyklus der Welt – mit insgesamt 10.000 Quadratmeter Fläche. Nicht minder grandios ist die Hofkapelle des Normannenpalastes im Stadtzentrum. In weiterer Folge mischten die spanischen Vizekönige Barock und Rokoko ins urbane Erscheinungsbild.

Die Kathedrale von Monreale mit Kreuzgang…

… und herrlichen Gold-Einlegearbeiten

Blüte und Niedergang

Das Stadtviertel Libertà nördlich des Zentrums wiederum wird ganz vom Jugendstil – in Italien „Liberty" genannt – geprägt. Das Fin de Siècle gilt als Palermos jüngstes goldenes Zeitalter. Betuchte Familien versuchten, einander mit noch edleren Palazzi und Prachtvillen zu übertrumpfen. Geld floss in Strömen. Richard Wagner, der 1881/82 im sonnigen Süden überwinterte, nannte die Via della Libertà „Champs-Élysées Siziliens". Heute noch lässt die breite Flaniermeile „Straße der Freiheit" mit ihren exquisiten Boutiquen und Gourmettempeln erahnen, was die sizilianische Metropole an der Wende des 20. Jahrhunderts war: eine der elegantesten, lebenswertesten Großstädte Europas.

Wichtigster Vertreter des Liberty Stils ist Ernesto Basile. Er gestaltete unter anderem das prächtige Teatro Massimo – nach Paris und Wien das drittgrößte Opernhaus Europas! Palermo-Besucher der Gegenwart können auch in einem Jugendstil-Kleinod von überwältigender Phantasie wohnen: im Hotel Villa Igiea. In diesem Luxushotel lässt Ernesto Basile Holzornamente wie Schlingpflanzen um Türen, Gewölbe und Fenster ranken, Säulen aus Marmor und Decken aus Stuck sind mit üppigen Blüten übersät.

Hotel Villa Igiea, ein Jugendstiljuwel von Architekt Ernesto Basile

Der Niedergang Palermos begann im Juli 1943 mit einem harten Schicksalsschlag: Die Altstadt wurde von Alliierten zerbombt. Mancherorts hat man bis heute den Eindruck, als ob dieses grausame Ereignis erst vor zehn Jahren stattgefunden hätte. Stadtväter und Bewohner bauten lieber rundherum neu, anstatt das Zentrum zu revitalisieren.

Doch die Trendwende ist geschafft: Siziliens Metropole befreit sich seit geraumer Zeit von ihrer jahrzehntelangen Lähmung und putzt sich nach und nach prächtig heraus. Allerorts wird renoviert und restauriert, um die Altstadt vor dem endgültigen Verfall zu retten. Der Titel „Italiens Kulturhauptstadt 2018" wird den Aufschwung noch beflügeln. Zweifelsohne gehört Palermo zu den interessantesten Städtezielen Südeuropas.

Vielfältige Vulkaninsel

Wer nach Sizilien reist, sollte sich nicht nur auf Palermo beschränken: Die größte Insel des Mittelmeeres südwestlich der Stiefelspitze Italiens ist so reich an Geschichte, kulturellen Sehenswürdigkeiten, Naturschönheiten und abwechslungsreichen Landschaften wie ein ganzer Kontinent. Sizilien ist eine archaische Insel – wild, schön und verwegen.

Der Ätna ist einer der aktivsten Vulkane der Welt

Auch der „Erbauer" Siziliens ist im Umgang mit der Insel nicht gerade zimperlich: Der Ätna

Cava Grande:
Tiefe Schlucht mit
glasklarem Fluss

ist nicht nur der höchste Vulkan (3.340 m) Europas, sondern auch einer der aktivsten der Welt. In dieser Eigenschaft baut das rauchende Wahrzeichen gerne mal die Insel um. „Durchschnittlich bricht der Ätna 50 Mal pro Jahr aus", berichtet Dario. Und ergänzt: „Wirklich gefährlich ist er aber nicht – zumindest so lange er keine Mega-Eruption hat. Wir haben gelernt, mit ihm auszukommen." Die Sizilianer verdanken ihm auch einiges – etwa überaus fruchtbare Flanken, auf denen der Wein vortrefflich gedeiht.
Naturfreunden hat Sizilien viele zu bieten: Etwa die Cava Grande, eine enge Schlucht, 250 Meter tief in das karstige Hochplateau der Monti Iblei (im Osten der Insel) eingeschnitten. In ihrem Grund laden glasklaren „Laghetti" (kleine Seen) zum himmlischen Badevergnügen ein. Die Bergwälder der Madonien mit ihrer außergewöhnlichen Vegetation oder der Naturpark von Nebrodi mit rauschenden Wasserfällen (beides östlich von Palermo) begeistern genauso wie das Naturreservat Vendicari, das größte Feuchtgebiet der Insel (im Südosten).

Barockjuwel Noto im Osten Siziliens

Prachtvolle Kulturschätze und Strände

Zahlreiche Herrscher hinterließen auf Sizilien Zeugnisse ihrer Kulturen: Aus der Griechenzeit stammen die Tempel von Agrigent und Selinunte. Herrliche griechisch-römische Theater sind in Syrakus, Catania, Eraclea Minoa und Taormina erhalten. Einen jüngeren Höhepunkt der Kunst markieren die prachtvoll-verspielten Barockstädte Noto und Siracusa.
Auf der größten Mittelmeerinsel mit 1.200 Kilometer Küstenlinie kommen auch Badefreuden nicht zu kurz, vielerorts gibt es herrliche kleine Buchen und Kiesstrände. Flache, weite Sandstrände finden (nicht nur) Familien mit Kindern an der Südküste zwischen Capo Pássero und Marsala sowie im Westen in der Bucht von San Vito lo Campo. Das sonnig-milde Klima zeigt, dass Afrika tatsächlich nicht weit weg ist: nämlich nur 140 Kilometer!

Warum hinfahren?

Palermo – Italiens Kulturhauptstadt 2018

Die sizilianische Hauptstadt Palermo wurde von den Phöniziern, Griechen, Römern, Byzantinern, Arabern, Langobarden, Normannen und Staufern beherrscht – all das ist in einer spannenden Koexistenz bis heute präsent. Vor zwei Jahren wurde Palermo mit seinem baukünstlerischen Erbe aus dem Hochmittelalter zusammen mit Monreale und Cefalù von der UNESCO als Weltkulturerbe unter internationalen Schutz gestellt.

Das turbulente, multikulturelle Palermo ist aktuell Italiens Kulturhauptstadt (www.palermocapitalecultura.it/en) und so Gastgeberin der Großausstellung Manifesta 12 (s. unten). Bürgermeister Leoluca Orlando sieht in der italienischen Kulturhauptstadt „eine fantastische Gelegenheit, Palermos lokale und internationale Identität neu zu beleben und die Stadt für das zu feiern, was sie wirklich ist: ein Entfaltungsort für die Geisteswissenschaften, Kunst und Kultur. Die Stadt wird sich erneuern und einen Weg für ihre Zukunft ebnen."

Die Hexe wird schön und sicher

Palermo befindet sich seit geraumer Zeit in Aufbrauchstimmung. Gebaut und restauriert wird allerorts in der Altstadt, doch die Spuren von mehreren Jahrzehnten der Untätigkeit und Resignation können nicht so schnell beseitigt werden. Der Titel „Kulturhauptstadt Italiens" wird Palermo weiter beflügeln. Mittlerweile gilt es wieder als schick, in der Altstadt zu wohnen, die Einwohnerzahl hat seit der Jahrtausendwende um 20 Prozent zugenommen. Einstige Slums werden revitalisiert. Bestes Beispiel dafür ist das Kulturzentrum Cantieri alla Zisa, untergebracht in einer ehemaligen Industrieruine.

Auch die Kriminalitätsrate ist drastisch gesunken und Palermo zählt nicht mehr zu den 15 unsichersten Städten Italiens. Müllabfuhr, Stadtreinigung, Straßenbeleuchtung und Stromversorgung funktionieren nach europäischem Standard. Große Investitionen in den öffentlichen Verkehr beruhigen die Verkehrshölle. Auch bei den (freiwillig) in Italien praktizierten autofreien Sonntagen macht Palermo begeistert mit.

Die Kathedrale von Palermo im normannisch-arabischen Stil

It's new

Moderne Kunst bei der Manifesta 12

Im Rahmen des italienischen Kulturhauptstadt-Jahres ist Palermo Gastgeberin der Manifesta 12, der europäischen Wanderbiennale für zeitgenössische Kunst (bis 4.11. 2018). Die Manifesta 12 fördert den Austausch zwischen lokalen Künstlern und dem internationalen Manifesta-Netzwerk. http://m12.manifesta.org

Wohnen am Fuße des Ätna, All-inclusive-Luxus im Club Med

Im März 2018 eröffnete an den Hängen des Ätna in Pedara (Provinz Catania) das Hotel Etna Pedara 4* mit Außenpool in einem 3.000 Quadratmeter großem Park (www.allegroitalia.com). Seit Juni lädt in Cefalú (Nordküste) der familienfreundliche Club Med Cefalú Exclusive Collection als erstes Fünf-Trident-Resort Europas ein (all inclusive). Die Lage nahe dem Städtekleinod Cefalù auf einem 14 Hektar großen, von Klippen umgebenen Gartengrundstück mit 180-Grad Meerblick ist spektakulär. Italienische Lebensart trifft minimalistisch-elegantes Design; das Angebot ist außergewöhnlich: Live-Konzerte, italienische Gartenpartys, kulturelle Highlights, eine Weinbar mit den besten Tropfen, ein einzigartiges Sportangebot (u.a. mit Yoga auf dem Stand-up Paddleboard oder einem elektrischen Surfboard; weiters Segeln, Schnorcheln, Tauchen, Kitesurfen usw.), ein Ausflugs- und Wander-Center oder der 700 Quadratmeter große Club Med Spa by CARITA (samt Hamam und Sauna) warten auf Gäste. Für die Kulinarik zeichnet der angesehene italienische Michelin-Sternekoch Andrea Berton verantwortlich. www.clubmed.de/d/Europa/Italien

Schickes italienisches Design im brandneuen Club Med Cefalú östlich von Palermo

Noch einfacher zu erreichen

Viele Flugverbindungen führen nach Sizilien: MyAustrian Holidays fliegt in der Sommersaison (bis 4. November 2018) ein- bis zweimal wöchentlich direkt Wien – Palermo – Wien (www.myholiday.austrian.com). Zwei neue Flüge gibt es nach Catania im Osten der Insel (jeweils ab Wien): Air Malta bedient die Stadt am Fuße des Ätna neuerdings jeden Dienstag und Freitag (www.airmalta.com), die Eurowings jeden Montag und Freitag (Sommersaison bis 26. Oktober, www.eurowings.com).

Schöner wohnen

In Jugendstil schwelgen: Hotel Villa Igiea 5*, Palermo

Edles Grandhotel und Jugendstiljuwel nahe dem Stadtzentrum und direkt am Meer gelegen. Pool mit herrlicher Aussicht, die schöne Gartenanlage ist eine Ruheoase im lauten Palermo. Classic-Zimmer mit Frühstück ab 124 Euro (zwei Personen). www.villa-igiea.com

Gut zu wissen

Sicherheit mit dubiosem Hintergrund

Denkt man an Sizilien, kommt einem unweigerlich die Mafia in den Sinn. Der Reisende muss aber keineswegs befürchten, in ein Netzwerk aus Drogenhandel, Waffenschmuggel und Korruption zu geraten! Diese Geschäfte spielen sich nur hinter den Kulissen ab. Viele Hotels befinden sich zwar im Besitz der „ehrenwerten Gesellschaft", doch gerade hier sind die Touristen sicher wie in Abrahams Schoß. Denn der Fremdenverkehr bringt schließlich gute Gewinne und eignet sich zum Reinwaschen illegal erworbener Gelder. Öffentlich ansprechen sollte man das Thema Mafia allerdings nie!

Infos:

www.visitsicily.info/en, www.enit.at, https://turismo.comune.palermo.it, www.palermocapitalecultura.it/en

Nachreisen leicht gemacht - Angebotsbeispiel:

„Sizilien – Historische Stätten, Meersalz und ein Hauch von Afrika": 11-tägige Mietwagenrundreise ab Catania bis Giardini Naxos – inkl. zehn Übernachtungen Doppelzimmer mit Frühstück, vier Abendessen und Mietwagen (Kat. Fiat Panda o.ä.), Verlauf laut Programm. Preis pro Person (ohne Anreise) ab 957 Euro.
Gesehen im DERTOUR-Katalog „Italien"; tagesaktuelle Flugpreise und Buchung in jedem guten Reisebüro oder auf www.dertour.at

* in Anlehnung an Goethes Klassiker „Italienische Reise"; er schrieb u.a.: „Italien ohne Sizilien macht gar kein Bild in der Seele."

100 Jahre Frieden am Fluss

Die Soča zählt zu den schönsten Flussläufen Europas – und ging mit der Isonzo-Kriegsfront traurig in die Geschichte ein. Doch längst herrscht wieder Eintracht und Harmonie. Der Weg des Friedens verbindet Vergangenheit und Gegenwart und begeistert Wassersportler wie Wanderer.

Der Fluss Isonzo (Soča) ist für seine intensiv türkisgrüne Farbe bekannt

Wasserfall Virje am Isonzo

Der smaragdgrüne Lauf der Soča (italienisch Isonzo) beginnt im Nationalpark Triglav, auf 1.050 Meter Seehöhe. Hier sprudelt der Fluss als echter Slowene aus einer Karstquelle und stürzt sogleich als Wasserfall über den Fels in das tief eingeschnittene Trenta-Tal. Von da an geht's bergab. Das Wasser über Stock und Stein, wir gemächlich über Serpentinen.
Jede Biegung erschließt einen neuen Blick auf Felswände von unwirtlicher Schönheit sowie grüne Matten mit Berghütten, alles unter der Schirmherrschaft des mächtigen Triglav. Und erst der Blick nach unten – in die türkis schimmernde, bis zu fünfzehn Meter tiefe Kalkstein-Trogschlucht des Flusses, die wir über Holzhängebrücken queren – der nimmt gefangen! Fast übersehen wir dabei die endemischen Schönheiten von Flora und Fauna am Wegesrand, den braunen Trenta-Mohrenfalter, den Hochalpenapollo oder die Triglav-Rose. Ihre roten Blüten öffnen sich auf karstigen Höhen im August. Der Legende nach genau dort, wo die Blutstropfen des angeschossenen „Zlatorog", des mythischen Steinbocks mit den goldenen Hörnern, hingefallen sind.
Im Tal wartet auf die Besucher nicht nur das Nationalparkzentrum im Dorf Trenta, sondern auch die einheimische Soča-Forelle, Salmo marmoratus. Der wohlschmeckende Flossenträger lebt in den verborgenen Klammen und glasklaren Tümpeln der Soča und ist eine begehrte Beute bei Sportfischern. Von der Quelle bis zum Dorf Soča darf sich der Fisch allerdings in Ruhe vermehren.

Adrenalin und Schafsprodukte

Der echte Käse Bovški Sir wird aus Schafsmilch gemacht

Die Wasser der Koritnica, die vom Mangart-Gipfel und vom Predilpass kommen, machen die Soča bald zu einem stattlichen Gebirgsfluss – und zu einem Dorado für Wassersportler. Wir jedoch halten uns an Uroš Snoj. „Alle schwindelfrei?", grinst der Berfgex. Zip-Line nennt sich das Freizeitvergnügen: Klettergurt anlegen, mit Karabinern sichern, ein kleiner Schubs von Uroš, und schon sausen wir an

einem Drahtseil quer über die Schlucht. Adrenalin und grandiose Aussichten!
Unten im Tal macht Vojka Durjava inzwischen Käse. Den echten Bovški Sir wohlgemerkt, den aus Schafsmilch. Auch die etwas spröde Wolle der autochthonen Bovec-Schafe wird verarbeitet, zu rustikalen Strickwaren oder kräftigem Filz. Gefärbt wird nicht. „Wir haben viele schwarze Schafe", grinst Peter Domevšček vom Handwerkshaus am Hauptplatz, wo man Wollprodukte, aber auch Liköre und Honig erwerben kann.

Historischer Boden

Grün und üppig ist die Natur im Flusstal. Ins Bild schieben sich unzählige Wasserfälle, wie der prachtvolle, 18 Meter breite Boka-Fall, der zunächst 106 Meter und danach nochmals 30 Meter tief stürzt. Hoch über Bovec blitzen die hellen Kalksteingipfel von Rombon und Kanin. Gelöster Kalk ist es auch, der der Soča ihre einzigartige Jadefarbe verleiht. Doch wer genau schaut, sieht auch anderes. Angetan mit Uniform, Orden, Stiefeln und Säbel steht Mihael Košmrl da. „Kommen Sie!" Wir folgen ihm ins Unterholz. Nach wenigen Schritten weist er auf Überreste von Holzbaracken, Schützengräben, Schießscharten. Wir sind im Freilichtmuseum Ravelnik. Manche Schächte sind in den puren Fels gegraben. In den Bunkern tropft Wasser von der Decke. Es ist kalt. Und bedrückend beeindruckend.

Festung Kluze aus dem 1. Weltkrieg

Der private Verein Društvo 1313 – benannt nach einer strategisch wichtigen Bergspitze – setzt sich für die Erhaltung der Reste des Ersten Weltkrieges ein und unterhält drei kleine Privatmuseen in Bovec. Er bietet auch geführte Touren zu den einstigen Kampfpunkten der berüchtigten Isonzo-Front – hauptsächlich zwischen der Festung Kluže und dem Ort Log Pod Mangartom am Fuße des Predilpasses: Bei Letzterem nimmt der Weg des Friedens, der „Pot Miru" auf Slowenisch, seinen Anfang. Dieser führt flussabwärts, 320 Kilometer lang, von den Alpen bis zur Adria. Als Markierung dient das Taubensymbol.

Kobarid, die Essenz des Tales

Rund 20 Kilometer südlich von Bovec wurde dem großen Krieg, der 1918 endlich zum Stillstand kam, ein ergreifendes Denkmal gesetzt. 1993 zum besten Museum Europas gekürt, zeichnet das Kobariški Muzej in Kobarid (www.kobariski-musej.si) ein eindrucksvolles Bild vom Leben der Soldaten rund um einen der größten Gebirgskämpfe der Geschichte. Jože Serbec leitet das Museum. Mit andächtigem Schritt begleitet er uns von Raum zu Raum und erzählt von Entbehrung, Frost und Lawinen, von Irrtümern und Finten, von Hemingway und Generälen. Und der zwölften Isonzoschlacht, die für Unzählige

den Tod, für den damals blutjungen Erwin Rommel jedoch den Beginn einer steilen Karriere bedeutete.
Heute ist Kobarid eine Stadt für Genießer. Hier öffnet sich das Tal, wird sanfter. Italien liegt ganz nah. Wassersport wird auf dem 16 Kilometer langen Flussabschnitt bis Tolmin großgeschrieben. Im Gegensatz zur Soča lässt es sich im Sommer im Nebenflüsschen Nadiža bestens baden, die Wassertemperaturen erreichen bis zu 22° C. Auch gastronomisch gesehen liegt hier das Herz der Region. Die fünf besten Restaurants haben sich zum Kobarider Gastronomiekreis zusammengetan: Topli Val, Jazbec, Breza, Kotlar und Hiša Franko. Das Ziel: höchste Qualität für Teller und Glas und stets neue Variationen des „Kobariški štrukelj", einer mausgroßen Teigtasche, gefüllt mit Topfen oder Walnüssen.

Italienisches Beinhaus in Kobarid

Solcherart kulinarisch getröstet, statten wir dem Besucherzentrum des Friedensweges (gleich neben dem Museum) einen Besuch ab. Klar, auch Souvenirs sind hier zu haben, spannender finden wir jedoch die interaktive Ausstellung über den Weg des Friedens. Denn genau den wollen wir weitergehen. Für das Freilichtmuseum Kolovrat bleibt uns diesmal leider keine Zeit. Aber wir kommen ohnehin wieder.

Sanfter Ausklang

Das Tal verengt sich, und wir verlassen es. Weich wellt sich das Land, bald kommen die ersten Rebstöcke in Sicht. Die Goriška Brda, die Görzer Hügel (www.brda.si), sind wohl eines der lieblichsten Teilstücke des Pot Miru. Spannend auch hier der Ausflug in die Geschichte: Auf dem Berg Sabotin, der auf der Ostseite jäh gegen die Soča abfällt, liegen im „Park des Friedens" (der 14. Station des Friedensweges) Kavernen und bis zu neunstöckige Höhlensysteme der k. u. k. Armee. Eine unglaubliche Anlage!
Über das kleine, anschaulich sortierte Weltkriegsmuseum wacht Bogdan Potokar, der auch gern einen seiner 27 selbst angesetzten Schnäpse serviert, während Veronika in der Küche mit den Töpfen klappert. Ein Höhepunkt in jeder Hinsicht: Von hier geht der Blick vom Triglav bis zur Adria. Bleibt also nur mehr der Abstieg zur – zum UNESCO-Welterbe ernannten – Steinbrücke von Solkan, nach Nova Gorica und schließlich, am westlichen Ausläufer des Karsts entlang, Richtung Italien. Die Soča ist zum Isonzo geworden. Der Fluss hat seine gebirgige Heimat endgültig hinter sich gelassen und strebt nun mit ruhigem Lauf dem Meer entgegen. Unser Weg endet beim Schloss Duino an der Adria, das Rainer Maria Rilke mit seinen „Elegien" unsterblich machte. Nicht weit entfernt von der Mündung eines der schönsten und geschichtsträchtigsten Wasserwege Europas.

Erfrischendes Fußbad im Isonzo

Warum hinfahren?

Natur- und Wanderparadies

Der Fluss Soča (italienisch Isonzo) bewältigt auf seinem Lauf von den Julischen Alpen bis zur Adria 1.100 Höhenmeter auf 136 Kilometern Länge. Sein landschaftlich einzigartig schönes Tal bietet zahlreiche Outdoor-Aktivitäten und vielfältige Wandertouren. Unser Tipp: der 25 Kilometer lange „Soča-Weg": Der älteste Wanderweg des Nationalparks führt von der Quelle bis nach Bovec und zeigt die kleine Kirche Sveta Marija, das Kugy-Denkmal und den „Botanische Garten Juliana" mit rund 600 Pflanzenarten. Diese und mehr Touren sind im Rother Wanderführer „Julische Alpen" von Helmut Lang beschrieben. Lonely Planet zählt die Julischen Alpen aktuell zu den zehn besten Zielen der Welt.

Wassersport ist angesagt

Mehrere Agenturen bieten ein patschnasses Aktivprogramm: Raften, Kanu und Kajak, aber auch Trendigeres wie Hydrospeed: flussabwärts im Neoprenanzug, mit Flossen und einem aufblasbaren Luftpolster unter dem Oberkörper. Für besonders Mutige gibt's Canyoning-Touren in Wasserfällen und durch ausgewaschene Kalkstein-Rinnen oder Caving in Karsthöhlen. www.bovec.si/de, www.visit-soca.com

Der Isonzo ist ein Paradies für alle Wassersportler

It's new

Sabotin-Besucherzentrum und Landkarte

Das alte, kleine Weltkriegsmuseum und das k. u. k. Stollensystem werden zu einem neuen Besucherzentrum ausgebaut. Auch an einer Karte und durchgehender Beschilderung (Markierungen mit Tauben-Symbol) des Pot Miru (Weg des Friedens) von Nova Gorica in Richtung Triest wird gearbeitet. Weiters wird an einer einheitlichen Dar-

Taube als Symbol des Friedensweges

stellung des Friedensweges als Produkt und Marke gearbeitet; der Weg soll künftig bis Österreich fortgesetzt werden. An diesem multikulturellen Projekt arbeiten Partner aus elf Donau-Anrainerstaaten zusammen.

Pot Miru per Bike

In Zusammenarbeit mit einer Sportagentur aus Bled entstehen aktuell mehrtägige Fahrrad- sowie neue Wanderprogramme auf dem Weg des Friedens (www.potmiru.si).

Schöner wohnen

Peter Pans Haus Kekčeva Domačija, Trenta

Das nach dem slowenischen Peter Pan benannte und geschmackvoll restaurierte alte Gehöft nahe der Soča-Quelle bietet herzhaft gute regionale Bauernküche, vier Apartments und einen Traumblick auf die Bergwelt. www.kekceva-domacija.si

Zur guten Fee: Hotel Dobra Vila, Bovec

In den 1930er Jahren ein Telegrafenamt, heute ein stilvolles Hotel. Jedes Zimmer ist mit Möbeln aus der Epoche, kräftigen Farben und alten Werbeplakaten individuell eingerichtet. Hingucker ist ein Bianchi-Motorrad von Mussolinis Leibgarde. Die einzige Feinschmecker-Adresse des Ortes Bovec. www.dobra-vila-bovec.si

Gourmethimmel: Hiša Franko, Kobarid

Großzügige, originell und individuell eingerichtetete Zimmer. Im ganzen Land ist das Haus für die Haubenküche mit regionalen Produkten von Ana Roš bekannt. Sie wurde kürzlich zur besten Köchin Europas gewählt. www.hisafranko.com

Gut zu wissen

Öffentliche Anreise, Auto

Zugverbindungen über Nova Gorica gibt es nur bis Tolmin. Für Kobarid und vor allem Bovec (mit all seinen Gebirgstälern) existieren keine praktikablen Busverbindungen, hier empfiehlt sich der eigene PKW oder das Motorrad. Am schönsten ist die Fahrt aus dem Dreiländereck Österreich-Italien-Slowenien kommend über den 1.156 m hohen Predilpass. Beste Reisezeit für Outdoor-Aktivitäten ist Mai bis Oktober.

Infos:

www.potmiru.si, www.slowenia.info, www.dolina-soce.com/de

Die (automobilen) Perlen der Schweiz

Die Schweiz hat ein Herz für automobile Urlauber: Die Grand Tour of Switzerland führt zu den Höhepunkten der Eidgenossenschaft, in Zürich steigt die erste Formel E und Basel bietet mit dem Luxus-Autosalon Grand Basel eine Weltpremiere – und ganz viel Kunst.

Die Grand Tour of Switzerland führt auch durch das Weinbaugebiet von Lavaux

Wegweiser auf der 1.600 Kilometer lange Rundtour

Kehre um Kehre schrauben wir uns höher in die herrliche Bergwelt hinauf. Der Fahrer kurbelt am Lenkrad, eine enge Serpentine folgt der nächsten. Wir sind auf der alten Gotthard-Passstraße im äußersten Süden der Schweiz unterwegs – einem wahren, wenn auch historischem, Kurvenwunder. Mit 37 engen Serpentinen auf 13 Kilometern und 900 Höhenmetern galt die Bergstraße auf der Südrampe des St. Gotthard Passes (Tremola genannt) einst als längstes Baudenkmal der Schweiz sowie bedeutendste Verbindung zwischen Nord- und Südeuropa. Heute schluckt der Gotthard-Tunnel den Transitverkehr, sodass die „Königin der Alpenstrecken" den Genussfahrern allein gehört. Doch die Königin gibt sich ruppig: holprige Kopfsteinpflasterung lässt das Postkutschen-Reisegefühl von anno dazumal erahnen. Doch wir gehen die Sache weitaus gemütlicher und innovativ an – mit dem umweltfreundlichen Elektroauto-Flaggschiff Tesla Modell X.

Nach kurzer Rast am Gotthard-Pass geht's weiter nach Realp im saftig-grünen Urseren-Tal und zur nächsten Herausforderung im Lenkraddrehen: Serpentine um Serpentine schlängelt sich auf den Furkapass in 2.429 Meter Höhe. Die Kulisse der eisbedecken Hochgebirgs- und Gletschergiganten ist großartig. Filmreif! Im Streifen „Goldfinger" rast James Bond durch die Furka-Kurven. Wir hingegen drosseln das Tempo: Es tut gut zu wissen, dass wir dank E-Auto diese hochsensiblen Gebirgsregionen nicht mit Abgasen belasten.

Wahrscheinlich die schönste Panoramastraße Europas

Die Grand Tour of Switzerland ist seit April 2015 der schönste Road-Trip Europas – meinen zumindest die superlativ-begeisterten Schweizer. Die 1.600 Kilometer lange Rundtour präsentiert alle helvetischen Highlights wie Perlen an einer Schnur. Hier erleben Auto- und Motorradfahrer großartige und vielfältige Fahrerlebnis sowie die Essenz unseres westlichen Nachbarn: Die Traumstraße führt zu den allerschönsten Punkten und Sehenswürdigkeiten, 650 braun-rote Wegweiser zeigen den Weg: über fünf Alpenpässe, entlang von 22 Seen und zu allen zwölf UNESCO-Welterbestätten der Schweiz.

Seit April 2017 steht die komplette Grand Tour auch unter Strom, 230 Ladestationen sowie 140 Hotels mit Stromtankstellen ermöglichen Fahrvergnügen mit Elektrofahrzeugen. Die E-Grand Tour of Switzerland ist weltweit die erste durchgängige E-Touring-Route. Autoverleih-Partner Europcar hat sowohl Teslas (Modell X und S) als auch den neuen VW e-Golf in der Flotte.

Durchs Weinland Richtung Westschweiz

Am Nachmittag erreichen wir das mondäne Zermatt und bestaunen den Mythos Matterhorn. Tags darauf geht es weiter entlang atemberaubender Viertausender-Gipfel, durch die Walliser Weinorte und zu den historischen Winzerdörfern des Lavaux im Westen des Landes. Lautlos gleitet unser Tesla den Gestaden des Genfersees entlang, nach Lausanne und in die wildromantische Natur des Vallée de Joux im Jura. Über die spektakuläre Felsarena Creux du Van beim Lac de Neuchâtel (Neuenburgersee) gelangen wir nach Basel, der Kultur- und Architekturmetropole der Schweiz. Hier wollen wir uns genauer umsehen.

Basel: Kulturfloss im Rhein

Kunst-Metropole Basel

Wo der Rhein unvermittelt seine Fließrichtung ändert, nach Norden abdreht und ein gewaltiges Fluss-Knie bildet, liegt Basel. Wir parken unseren Tesla in der Hotelgarage und stürzen uns ins Geschehen. Das Leben der drittgrößten Schweizer Stadt wurde schon immer vom Fluss geprägt: Der Rheinhafen sorgt seit dem Mittelalter für wirtschaftliche Bedeutung und beachtlichen Reichtum. Basel ist seit der Renaissance ein perfekter Nährboden für die hohe Kunst: In der ehemaligen Bischofsstadt betätig(t)en sich betuchte Bürger als emsige Sammler. Heute ist die 170.000 Einwohner-Stadt vor allem ein Mekka für Freunde zeitgenössischer Kultur. Liebhaber und Galeristen geben sich bei der alljährlich im Juni stattfindenden Kunstmesse ART Basel (www.artbasel.com) ein Stelldichein. Sie geht auf eine Idee von Ernst Beyeler zurück. Dieser 2010 verstorbene, bedeutendste Mäzen der Stadt ließ in den 1990ern einen Tempel für seine Sammlung errichten: Die berühmte Fondation Beyeler. Der italienische Stararchitekt Renzo Piano schuf dafür im Vorort Riehen ein lichtdurchflutetes, revolutionäres Museumsgebäude. Seine ausgeklügelte Deckenkonstruktion filtert das Tageslicht so, dass eine einzigartige Lichtstimmung die Werke von Miró, Kandinsky, Cézanne, Picasso, van Gogh sowie Monet gekonnt in Szene setzt. Wachstum ist geplant: Der Schweizer Architekt Peter Zumthor wird den nächsten Jahren den Landschaftsgarten erweitern und ein ganzes Ensemble an Museumsgebäuden realisieren.

Einzigartiger Automobil-Luxus für alle

Es ist fast eine Kunst, so viel Kunst zu bieten wie Basel! Sie begegnet einem in fast 40 Museen. Besonders spannend sind das Museum Tinguely, das Kunstmuseum Basel in einer ehemaligen Papierfabrik, das Museum für Gegenwartskunst und das Schaulager (eine Art öffentlich zugängliches Kunst-Depot). Und ganz Basel freut sich schon auf den nächsten Markstein: die „Grand Basel". Dieser erste globale Salon für die bedeutendsten und wertvollsten Automobile der Welt – historische, zeitgenössische und zukunftsweisende – feiert im September 2018 Weltpremiere und präsentiert Automobile im Kontext von Design, Architektur und Kunst. Angesprochen sind alle, die sich für automobile Ästhetik und technische Virtuosität begeistern.

Allein der Rahmen ist außergewöhnlich: „Die Grand Basel ermöglicht einen völlig neuen Blick auf das Automobil", erläutert Prof. Paolo Tumminelli, Professor an der Fakultät für Kulturwissenschaften der TH Köln sowie Konzeptentwickler und Kurator der Grand Basel. „Das Ausstellungsdesign greift die Architektur des Basler Messebaus von Herzog und de Meuron auf, bricht mit dem Ambiente konventioneller Automobilveranstaltungen und erreicht mit zeitgenössischer Formensprache die Qualität moderner Museen!"

Weltneuheit: Auto-Luxussalon Grand Basel

Lebenslust am Fluss

Am schönsten ist Basel im Hochsommer – mit feinem Savoir-vivre am Rhein: An der „Basel Riviera" pulsiert in zahlreichen Cafés und Restaurants das Leben. Trotz Frachtverkehr ist der Rhein sauber und lockt zu Badespaß, in der Mittagspause tauschen Manager gerne Anzug gegen Badehose. Der Rhein sorgt aber auch für sommerlichen Kulturgenuss unter freiem Himmel: Das Kulturfloß „Im Fluss" ruht verankert am Ufer – als Freilichtbühne für stimmungsvolle Konzerte und Tanzdarbietungen. Wir beschließen, länger zu bleiben. Der Tesla muss in seiner Garage noch ein wenig auf uns warten.

Warum hinfahren?

Ähnlich und doch ganz anders

Das Alpenland Schweiz ist ähnlich – und doch ganz anders als Österreich. In dem bilderbuchschönen Reiseland rückt alles Richtung Superlativ: die Berge sind höher (48 4.000er-Gipfel), die Gletscher weißer, die Natur epischer, das Landleben idyllischer, die Ferienorte glamouröser, die Bahnstrecken dichter, die Romantik uriger, das Brauchtum authentischer, die Städte hipper und Käse und Schokolade sowieso besser. Erfreulich ist, dass die in den letzten Jahren so teure Eidgenossenschaft nun langsam wieder leistbarer wird (mehr auf Seite 62).

Aletschgletscher, der flächenmässig größte und längste Gletscher der Alpen

Automobile Schönheiten und Kurvenwunder

Autoreisende und Freunde von Technik und automobiler Kunst sind im Paradies: Die Grand Tour of Switzerland führt auf insgesamt 1.600 Kilometer Traumstraßen durch und rund um die Schweiz und macht ihre Höhepunkte leicht erfahrbar. Eine Broschüre mit Landkarte führt zu den 100 schönsten Erlebnissen entlang der Route.

It's new

Grand Basel: luxuriöseste Automobile

Die Stadt Basel, Hochburg der Kunst und Architektur, präsentiert mit der Grand Basel (3. bis 9. September 2018) eine hochkarätige Weltpremiere: den ersten globalen Salon für die aller bedeutendsten und wertvollsten Automobile (historische, zeitgenössische und zukunftsweisende). Bei der Avant-Premiere gab's etwa die legendäre Chevrolet Corvair Testudo 1963 von Giorgetto Giugiaro („Car Designer of the Century") zu bestaunen. www.grandbasel.com

BaselCard für Museums-Liebhaber

Die brandneue BaselCard gibt es ab einer Übernachtung gratis – mit folgenden Leistungen: Kostenloser öffentlicher Verkehr und WLAN; 50 Prozent-Ermäßigung auf Kultur-Angebote; Vergünstigungen bei Sehenswürdigkeiten, bei Stadtführungen und der Rhein-Schifffahrt. www.basel.com/baselcard

Unser neues Personen-Rheinschiff

Das brandneue Fahrgastschiff „UNSER Schiff" gefällt mit lichtdurchfluteter Großzügigkeit, einem 360-Grad-Panoramadeck und neuester Technik, die das Schiff ganz ruhig auf dem Wasser gleiten lässt. www.bpg.ch/de/Unser-Schiff

Kanton Schwyz: Weltneuheit Stoos-Standseilbahn

Die neue Standseilbahn zum Feriendorf Stoos (Kanton Schwyz, 1.300 m) ist mit 110 Prozent Gefälle die steilste der Welt! Das technische Wunderwerk kann noch mehr: Die runden Kabinen sind beweglich, der automatische Niveauausgleich passt sie der Steigung an, sodass der Boden stets waagrecht ist. Weltweit einmalig! www.stoos-muotatal.ch

Schöner Wohnen

Höllisch schön: Der Teufelhof, Basel

Das Hotel Der Teufelhof 3* mitten in der Altstadt besteht aus zwei historischen Häusern und ist nebenbei auch eine Galerie. Dazu gehören weiters ein Theater, zwei Restaurants, eine Bar & Cafe, eine Brauerei sowie ein Weinladen. Auch ein beliebter Treffpunkt der Basler. www.teufelhof.com

Preisgekrönte Jugendherberge in Basel

Die hippe Basler Jugendherberge spielt auch in der höchsten Design-Liga mit, ist aber weit günstiger als alle Hotels: Die Lage im malerische St. Alban-Quartier ist perfekt, die Architektur innovativ, die Holz-Terrasse über dem romantischen St. Alban-Teich idyllisch. Es gibt Doppel- sowie Mehrbett-Zimmer. www.youthhostel.ch/de/hostels/basel

Gut zu wissen

Preise: der Franken gibt nach

Billig war die Schweiz nie, doch die Aufhebung des Mindestkurses im Januar 2015 führte zu nochmals höheren Preisen für Urlauber aus der Eurozone. Seit August 2017 schwächelt der Franken jedoch massiv, was einen Schweiz-Urlaub deutlich günstiger macht. Zusätzliche Preissenkungen und Tarifkorrekturen seitens der Hoteliers sorgen nun für ein Preisniveau wie 2014. Tendenz weiter fallend. Hotels kosten so mittlerweile etwa gleich viel wie bei uns, Restaurants sind allerdings teurer.

Leistbarkeitsinitiative

Die Schweizer Leistungsträger locken mit der Initiative „Preiswerte Schweiz“ budgetbewusste Gäste an (www.myswitzerland.com/de-at/preiswerte-schweiz.html). Weitere Specials wie City-Pässe (z. B. die BaselCard, s. Seite 61) oder das Swiss Travel System Bahn-Abonnement (Swiss Rail Pass) schonen das Urlaubsbudget zusätzlich (www.oebb.at/swisstravelsystem, www.swisstravelsystem.com).

Infos:

www.myswitzerland.com, www.myswitzerland.com/grandtour, www.myswitzerland.com/e-grandtour, www.basel.com

Nachreisen leicht gemacht - Angebotsbeispiel:

„Grand Tour of Switzerland – westliche Route“: 7-tägige Tour im eigenen Auto ab/bis Luzern – inkl. sechs Übernachtungen im Doppelzimmer mit Frühstück, Verlauf laut Programm.
Preis pro Person (eigene Anreise) ab 931 Euro.
Gesehen im DERTOUR-Katalog „Schweiz“; Buchung in jedem guten Reisebüro oder auf www.dertour.at

„Kurvenwunder“: Tremola, die Südrampe des St. Gotthard Passes

Die launische Insel der wilden Wunder

Sehnsuchtsziel im Hohen Norden: Island benimmt sich wie ein pubertierender Flegel – mit heftigen Zornausbrüchen und unendlich liebenswerten Momenten. Die Mischung aus beiden macht den Reiz der boomenden Insel am Rande des nördlichen Polarmeers aus.

Die Gletscherlagune Jökulsárlón im Süden Islands ist eine Wunderwelt aus Schnee und Eis

Eisklötze in verschiedenen Größen – von Schuhschachtel- bis Lastwagen-groß – treiben im tiefblauen Wasser. Manche sind strahlend weiß, andere glasklar durchsichtig oder leuchtend Türkis. Ihre Formen sind bizarr, so manches funkelnde Eisgebilde könnten auch bei Muranoglas oder Swarovski in Tirol Modell gestanden sein.
Die Gletscherlagune Jökulsárlón im Süden Islands ist eine mystische Landschaft. Es braucht nicht viel Phantasie, um in den Eisskulpturen Trolle oder Elfen zu erkennen. Auf so mancher Scholle hocken Seevögel und fahren mit ihrem Eistaxi lautlos spazieren, zwischendurch streckt ein Seehund seine Schnauze aus dem Wasser. Plötzlich raschelt es geheimnisvoll: Ein Eisbrocken entschließt sich, seinen Schwerpunkt zu verlagern und vollführt einen Purzelbaum im Polarmeer. Dann ist alles wieder still. Mucksmäuschenstill.
Der Jökulsárlón wird vom mächtigen Eispanzer des Breiðamerkurjökull überragt. Er ist wiederum Teil des Vatnajökulls, dem größten Gletscher Europas. Wenn der Breiðamerkurjökull kalbt (wie die Fachleute sagen), dann befreit er sich an seinem Rand mit dumpfen Poltern von überflüssig gewordener Last. Dieser Eis-Abfall treibt dann majestätisch langsam – bis zu sieben Jahre lang – in der rund vier Kilometer langen Gletscherlagune dem Meer entgegen. Hier ist der schwarze Lavasandstrand überzogen mit Tausenden kleinen und größeren Eisbrocken, die in der Sonne wie Diamanten funkeln. Eine Kristallmärchenwelt!

Gletscherabenteuer am Skaftafellsjökull

Mit einem Amphibienfahrzeug starten wir zu einer Bootstour zwischen den Eisbergen, um die ein Grad kalte Gletscherlagune näher kennen zu lernen. Das Eis des Breiðamerkurjökull ist 1.200 Jahre alt und entstand aus jenem Schnee, der lange vor den Wikingern auf die Insel rieselte. Bootsführer Alvar fischt ein glasklares Eisgebilde aus der Lagune, zerhackte es in Stücke und reicht es uns: „Kostet doch! Das ist der Geschmack Islands."
Zwei Stunden später verkosten wir nicht nur das Eis der Polarinsel, sondern stapfen in sein Inneres hinein – bei einer Gletscherwanderung samt Begehung einer Eishöhle. Absolut faszinierend!

Junges Eiland

Erdgeschichtlich gesehen ist Island blutjung – ein pubertierender Flegel. Gewaltige Vulkanausbrüche schleuderten das Eiland vor 17 Millionen Jahren aus dem Atlantik, und bis heute ist Island nicht gerade zimperlich im Umgang mit dem Feuer. 31 Vulkane sind aktiv, im Schnitt bricht alle fünf Jahre einer der Lava spuckenden Kegel aus. Und es war übrigens nur ein kleiner Furz, der im Jahr 2010 die Urgewalt von Mutter Erde demonstrierte, als der berühmt-berüchtigte Eyjafjallajökull den europäischen Flugverkehr lahmlegte.

Vulkanische Erscheinung: Schlamm brodelt am Solfatarenfeld Hverarönd

Beim Myvatn (Mückensee) stellt Island tagtäglich ein wahrhaft infernalisches Benehmen zu Schau: In grauen Bodenlöchern köchelt übelriechender Schlamm, als wären es die Kochtöpfe des Leibhaftigen. Dampf heult aus Felsritzen und der stechende Geruch fauler Eier liegt in der Luft. Das Solfatarenfeld Hveraröndliefert nur eine zarte Vorahnung, wie elementar Vulkanismus tatsächlich ist.

Für Geologen ist die Region um den Myvatn ein begehbares Lehrbuch: Tafelberge und Pseudokrater, Tuffringe und Spaltenvulkane, Hochtemperaturgebiete und bizarre Lavagebilde sind Zeugen der extrem dünnen Erdkruste hier. Bei einer Wanderung auf den Ringkrater Hverfjall spüren wir die ungebändigten Kräfte der Natur hautnah – an den Launen des Wetters. Der Sturm treibt waagrecht Schnee daher und weht uns beinahe vom Kraterrand. Anfang Juni wohlgemerkt!

Ab in die Natur-Badewanne

Aber über die Unbill des Wetters redet in Island keiner, man erträgt sie kommentarlos – oder ertränkt sie im warmen Wasser. Die Badekultur wird auf der mit heißem Wasser allerorts gesegneten Insel hochgehalten: In jedem größeren Ort gibt es einen „Sundlaug" (öffentliches Bad) mit unterschiedlich heißen Pools stets im Freien. Er dient der Bevölkerung als Treffpunkt wie bei uns das Kaffeehaus. Im „Myvatn Nature Bath" tauen wir nach unserer Sturmwanderung am Vulkanrand in den milchig-trüben, türkisblauen Fluten wieder auf. Dieses Freibad ist zwar nicht so berühmt wie die „Blaue Lagune" nahe Reykjavik, dafür weit weniger überlaufen.

Hot Pots mitten in der Natur findet man in ganz Island

Noch schöner sind die zahlreichen Hot Pots in der freien Natur: Jeden Morgen, bevor wir unsere Mietwagen-Rundreise fortsetzen, machen wir uns auf der Internetsite www.hotpoticeland.com schlau, ob Natur-Pools entlang der Strecke liegen. So werden die Besichtigungstouren bei frostigen Temperaturen mit brennheißen Bädern in der freien Natur unterbrochen: Der Körper kocht, der Kopf friert. Das ist echtes Island-Feeling.

Die Einsamkeit des Nordens

Weiter geht es in den Norden der Insel, einer einsamen, trost- und vegetationslosen Geröll- und Lavawüste. Ich habe mir Island anders vorgestellt: viel grüner, mit im Wind wogenden Blumen auf saftigen Wiesen. So wie es die Werbefotos zeigen. Aber dieses grüne Klischee-Island findet offenbar nur in den wenigen Wochen des polaren Hochsommers statt. Sprich: Juli und August. Anfang Juni hingegen ist kein grünes Land in Sicht, nur dürre, braune Moose und Grasbüschel. Und auch noch Schnee. Aber genau diese leere, archaische Weite der unberührten Landschaft, dieses erhabene Nichts verkörpert das echte Island.

Eine sogenannte Grassodenkirche bei Hof im Süden Islands

Die Westfjorde sind der wildeste und einsamste Landstrich der Insel am Rande des Polarmeeres. Bei Staður verlassen wir die gut ausgebaute Ringstraße Nr. 1 und rumpeln auf Schotterpisten weiter. Nun macht sich unser komfortabler Geländewagen bezahlt, selbst auf nieder gelegenen Pass-Straßen geraten wir wiederholt in Schneegestöber. Kurz vor dem großartigen Wasserfall Dynjandifoss türmen sich gar viele Meter hohe Schneewände neben der Straße auf. Anfang Juni!

Unser Ziel ist Látrabjarg, der westlichste Punkt Europas – mit dem Wunsch, endlich einen Papageientaucher in natura zu erspähen. Diese putzigen Wasservögel, die ihr 25jähriges Leben lang dem Partner treu bleiben und alljährlich in das gleiche Brutloch zurückkehren, sollten seit April auf der Insel sein. Doch gesichtet haben wir noch keinen.

Die 14 Kilometer lange, bis zu 440 Meter hohe Steilklippe von Látrabjarg ist die größte Seevogelkolonie der nördlichen Hemisphäre, mehr als eine Million gefiederter Freunde nisten hier. Suchend wandern wir den Klippenrand entlang, fragen andere Naturfreunde: „Did you see any puffin?" „No!" Erfolglos! Frustriert kehren wir schließlich um – und siehe da: Knapp vor dem Auto hockt ein Papageientaucher im dürren Gras. Ein einziger! Aber der erweist sich als äußerst kooperativ und wirft sich für das Fotoshooting in Pose. Mit seiner fein gezeichneten Augenpartie blickt er uns schelmisch an, als ob er sagen möchte: „Sorry, ich kann nichts dafür, dass diese Insel so launisch ist."

Der Papageientaucher ist das tierische Wahrzeichen Islands

Warum hinfahren?

Sehnsuchtsziel im hohen Norden: Island boomt!

Das Naturparadies Island verzeichnet immer mehr Fans: seit 2010 hat sich die Besucherzahl mehr als verfünffacht. 2017 stürmten 2,5 Millionen Besucher das 330.000 Einwohner kleine Eiland. Das ist ein Plus von 35 Prozent gegenüber 2016. Im Sommer ist mittlerweile jeder fünfte im Land ein Tourist!

Der Ansturm begann mit dem Bankencrash 2008, als die schwache Krone Islandreisen erschwinglicher machte (was mittlerweile leider definitiv vorbei ist, die Preise sind stark gestiegen). Der Tourismus erwies sich damals als Retter der wirtschaftlich angeschlagenen Insel. Dann befeuerte der Vulkan Eyjafjallajökull die Neugier, 2016 der isländische Erfolg bei der Fußball-EM. Die Weltmeisterschaft in Russland 2018 wird noch ein Übriges tun: Island ist das kleinste Land, das sich je für eine Fußball-WM qualifizieren konnte. Das bringt den Wikingerinnen und Wikingern zusätzliche Sympathiewerte. Doch nach und nach beginnen die Einheimischen sowie die Natur unter dem Ansturm zu leiden. Wer also die Naturschönheit noch intakt erleben möchte, sollte sich beeilen!

100 Jahre Unabhängigkeit

Der Unionsvertrag mit Dänemark, abgeschlossen am 1. Dezember 1918, machte Island zu einem unabhängigen, freien und souveränen Staat. Das hundertjährige Jubiläum der Unabhängigkeit wird am 1. Dezember 2018 in ganz Island gefeiert. www.fullveldi1918.is/is/english

It's new

Perlan-Museum - Natur in den Tank gepackt

Perlan, das neue Museum für Isländische Naturwunder, besteht aus sechs riesigen Tanks, die einst vier Millionen Liter heißes Wasser für die Hauptstadt speicherten. Überspannt von

einer gläsernen Kuppel thront das Museum, einem Raumschiff ähnlich, auf einem Hügel nahe Reykjavik. Seit Sommer 2017 gewährt ein 70 Meter langen Eistunnel Einblicke in das Innenleben eines Gletschers. Nun ziehen Flora und Fauna in weitere Tanks ein: im Mai 2018 eröffnete die Ausstellung „Land, Küste, Ozean", im Herbst folgt eine zum Thema Nordlicht sowie ein Planetarium in der Kuppel. Die Aussichtsplattform oberhalb der Tanks ermöglicht einen spektakulären 360 Grad-Rundblick. Reykjavík hat einen neuen Besuchermagneten - not to be missed! www.perlanmuseum.is

The Retreat at Blue Lagoon Iceland: Spa in 800 Jahre alter Lava

Anfang 2018 sperrte „The Retreat" samt Restaurant an der berühmten Blauen Lagune im Westen der Reykjavik-Halbinsel auf. Umgeben vom geothermischen Wasser präsentiert das Luxushotel auch einen in eine 800 Jahre alte Lavalandschaft eingebetteten Spa. www.retreat.bluelagoon.com

Schöner wohnen

Nordisches Design: Hotel Egilsen, Halbinsel Snæfellsnes (West-Island)

Das Boutique-Hotel Egilsen in Stykkishólmur gefällt mit zehn sehr geschmackvoll eingerichteten Zimmern in einem entzückenden, 150 Jahre altem roten Holzhaus (gelistet als Islands Kulturerbe), empfehlenswerte Küche. www.egilsen.is

Früher Schule, jetzt das Boutique-Hotel Egilsen in Stykkishólmur

Bei Pippi Langstrumpf zu Gast: Hotel Aldan, Seyðisfjörður (Ost-Island)

Das Städtchen Seyðisfjörður ist stolz auf seine historischen, bunt gestrichenen Holzhäuser. Das dezentrale Hotel Aldan ist auf mehrere historische Gebäude aufgeteilt, im Haupthaus wartet ein sehr gutes Restaurant. www.hotelaldan.com

Gute Stube im Hotel Aldan

Gut zu wissen

Kurzer Sommer, hohe Preise

Der isländische Sommer mit saftig grünen Landschaften (wie man sie von den Werbefotos kennt) ist sehr kurz – nur Juli und August. Dann präsentiert sich das Land zwar von seiner attraktivsten Seite, ist aber touristisch überlaufen. Die Hotellerie (vor allem außerhalb von Reykjavik) hinkt dem Boom noch hinten nach: es gibt zu wenige Hotelbetten, das Niveau hält mitunter mit den Preisen nicht ganz mit. So schön Island ist, es ist ein sehr teures Reiseland. Abseits der Hochsaison und speziell in der kalten Jahreszeit geht es weit ruhiger zu: Dann präsentiert Island seine großartige Natur in aller erhabenen Stille und Einsamkeit.

Infos:

www.iceland.is, http://de.visiticeland.com

Nachreisen leicht gemacht – Angebotsbeispiel:

„Rund um Island – von Küste zu Küste": 14-tägige Mietwagenrundreise ab/bis Keflavik – inkl. 13 Übernachtungen im Doppelzimmer mit Frühstück und Mietwagen (Kat. Hyundai i10 o.ä.), Reiseverlauf laut Programm.
Preis pro Person (ohne Fluganreise) ab 1.791 Euro.
Gesehen im DERTOUR-Katalog „Nordische Länder"; tagesaktuelle Flugpreise und Buchung in jedem guten Reisebüro oder auf www.dertour.at

Der Kaiser, Leopold von Sacher-Masoch und die Kunst der Pantomime

Vertrautes Kaiserflair und doch so fremd: Lemberg, einst die viergrößte Metropole der Habsburger-Monarchie, hat turbulente 100 Jahre und einen spannenden Wandel hinter sich. Das heutige Lwiw präsentiert sich als Städteziel für Trendsetter!

Lemberg (Lwiw): Fast wie zu Hause und doch so fremd

Hunger! – ist mein alles überdeckender Eindruck, als wir nach mühsamer Autoanreise endlich in der westukrainischen Stadt Lwiw ankommen. Doch bevor wir uns dem Magen zuwenden, müssen wir noch den fahrbaren Untersatz sicher parken. Da steht nun dieses verschlagen dreinschauende Schlitzohr vor uns, dem wir nur mit Hilfe des Handy-Kalenders und phantasievoller Gesten weismachen können, dass wir in seinem bewachten Hinterhof drei Tage parken wollen, und rechnet angestrengt. Uns ist klar: Er sieht ein gepflegtes Auto aus dem Westen – nahezu sichtbar rattern die Zahlenkolonnen durch sein Gehirn. Das wird teuer! Endlich tippt er die Summe in den Taschenrechner: 60 Ukrainische Hrywnja – 1,80 Euro. Freudig überrascht machen wir uns auf den Weg ins nächstbeste Lokal.
Gleich hinter der Stadtmauer in der Valova Straße stoßen wir auf ein unglaublich edles Restaurant: An einem klassizistischen Prachtbau prangt das Jugendstil-Schild „Kindrat" (nein: Кіндрат). Die Fenster sind mit zahlreichen Flaschen, in denen Flüssigkeiten in Rot-, Orange- und Gelbtönen schimmern, geziert. Speisekarte hängt keine aus. Ein Blick hinein zeigt einen Salon wie aus den besten Zeiten der k. u. k.-Monarchie: Dunkelrot-gold tapezierte Wände, ausladende Kristalllüster, geschliffene Spiegel, gediegenes Art déco Mobiliar. Es sieht richtig vornehm aus. Und teuer. Mit der Einstellung „egal was das jetzt kostet!" betreten wir das Restaurant.

Gebärdensprache statt Speisekarte

Sofort wieselt ein Ober mit weißen Handschuhen herbei, begleitet uns zu einem Tisch und reicht uns die Speisekarte. Oh Gott! Alles nur in kyrillischer Schrift! Eine englische Version gibt es nicht. Und beide Kellner sind keiner anderen Sprache als Ukrainisch mächtig. Wieder gelingt die Kommunikation nur mit Gebärden, Gesten, Hand und Fuß, mäh, muh, oink und kikerikiii. Wir werden hier in Lemberg noch die reinsten Pantomimekünstler! Auf Verdacht bestellen wir irgendetwas. Es folgen: Eine Hühner- und eine Champignonsuppe, ein gewaltiges Rindersteak mit Rotweinbirne (Hauben-verdächtig garniert), ein Spinat-Käse-Auflauf, ein Glas Wein aus Georgien, zwei Bier, Mineralwasser, ein Apfelstrudel, ein warmer Topfenauflauf und ein mit Nüssen gefüllter Bratapfel (ja sorry, drei Desserts zu zweit – wir hatten

Imperiales Flair im Restaurant Kindrat

wirklich Hunger!). Alles in 1a-Qualität! Kaum legen wir die Dessertgabel zur Seite, erscheinen die Kellner mit den bunt gefüllten Flaschen: Früchtewodka. Wird gekostet! Am Ende des Abends stehen (oups!) acht Wodka auf der Rechnung. Und ein resultierender Betrag von 959 Hrywnja. 31 Euro. Für all dieses Geschlemme! Das hätte in Österreich allein das Steak gekostet.

Spannende Lokalszene

Hunger ist die allerbeste Voraussetzung für einen gelungenen Aufenthalt in Lwiw! Selten gibt es eine derart große Dichte an Lokalen wie in der „Löwenstadt" (Lew = Löwe, er ziert auch das Stadtwappen). Das Stadtbild ist von zahlreichen Kaffeehäusern und originellen Themenrestaurants, die authentisch Kulinarik mit der Geschichte der Stadt verknüpfen, geprägt. Speziell Kaffee liegt in der DNA von Lwiw: Der Lemberger Georg Franz Kolschitzky soll ihn im 17. Jahrhundert von den Osmanen ausspioniert haben. Und gründete das erste Kaffeehaus – allerdings in Wien. Das Naheverhältnis der Lemberger zum „schwarzen Türkentrank" merkt man auf Schritt und Tritt: Allerorts gibt's einen perfekten Latte, eine perfekte Melange oder einen perfekten Espresso!
Jeder in Lwiw weiß, wo das Geburtshaus von Leopold Ritter von Sacher-Masoch zu finden ist. Der seinerzeit (1836 – 1895) populäre Schriftsteller ist jedoch weniger dank seiner Romane berühmt, als vielmehr wegen seiner Kunst, triebhaftes Schmerz- und Unterwerfungsverlangen ästhetisch zu formulieren. Im Café Masoch in der Serbska-Straße servieren kecke Mädels in Strapsen, die unter dem Gejohle aller, auch mal den einen oder andern Gast auspeitschen oder heißes Wachs über den entblößten Rücken träufeln. Die Rechnung kommt dann im knallroten Lack-Stöckelschuh daher.

Geburtshaus von Leopold Sacher-Masoch, heute eine Bar

Ein weiterer großer Sohn der Stadt ist der Pharmazeut Ignacy Lukasiewicz, Erfinder der Petroleumlampe und Pionier der Erdöldestillation. Das Souvenirshop-Museums-Lokal „Gasova Lampa" in der Virmenska Straße ist diesem Thema gewidmet: Überall blubbert es in Glaskolben und Reagenzgläsern und mehr als 200 Exponate lassen eher an ein Chemielabor als ein Restaurant denken. Zweiteres jedoch zieht sich über mehrere Stockwerke im mittelalterlichen Haus hinauf, wird von urigen Petroleumlampen in schummriges Dämmerlicht getaucht und offeriert deftige ukrainische Hausmannskost.

Man kann aber auch im Restaurant Posta, das über und über mit historischen Ansichtskarten dekoriert ist, vor den Augen eines Künstlers, der auf einer alten Lithografiepresse historisierende Postkartendrucke fabriziert, Nudeln in Briefmarkenform speisen; in der ehemaligen Loge der Freimaurer zu Abend essen und im Restaurant Zur goldenen Rose jüdische Spezialitäten probieren.
Einkehren und schlemmen macht in Lemberg so richtig Spaß – auch, weil die Preise für Touristen aus dem Westen extrem günstig sind. Wir fühlen uns nahezu als reiche Geldsäcke, deren Urlaubsbudget ins Unermessliche geht. Ein interessantes und zwiespältiges Gefühl in einem Land mit dem Ruf, dass Oligarchen und Milliardäre mit zweifelhaftem Werdegang und Geschmack immer noch den Ton angeben.

Kaiser Franz Josef zu Gast im Restaurant Posta

Reiches Kulturerbe, bewegte Geschichte

Lwiw bzw. das alte Lemberg hat aber noch weit mehr zu bieten als eine entdeckenswerte Lokalszene. Das kulturelle Erbe ist großartig: Prunkbauten im Stile der Renaissance, des Barock, Klassizismus, Historismus, Jugendstil und Art déco zieren die engen Gassen der Altstadt, die zum UNESCO-Weltkulturerbe zählt. Alte Geschichtsbücher besingen Lembergs

In der Nacht erwacht in Lemberg das Leben

Die Altstadt vom Lemberg ist UNESCO Weltkulturerbe, hier der Marktplatz Rynok

А
Альфа·Банк
26
зі ЛЬВОВА

Schönheit. Immerhin gehörte Lemberg einst zu Österreich-Ungarn und war nach Wien, Budapest und Prag die viertwichtigste Metropole der Monarchie. Über mehr als 750 Jahre Geschichte hatten Handelsherren wie Herrschende keine Scheu, ihr Geld zur Schau zu stellen. Und auch beide Weltkriege überstand die Altstadt wundersamer Weise nahezu unbeschadet. Das 20. Jahrhundert gestaltete sich allerdings mehr als turbulent: In den letzten 100 Jahren wechselte die Bevölkerung sieben Mal ihre Staatsbürgerschaft. Nach Ende des Ersten Weltkriegs wurde in Lwiw die Westukrainische Republik gegründet, doch bald danach übernahm Polen die Herrschaft. Im Zweiten Weltkrieg kamen Russlands Truppen, dann Hitlers Wehrmacht. Nach der Kapitulation geriet Lemberg wieder unter sowjetische Herrschaft. Seit dem Fall des Eisernen Vorhangs 1989 ist Lwiw Teil der unabhängigen Republik Ukraine.

Entdeckenswert: Imperiales Flair mit Patina

Vergangenheit ist etwas sehr Lebendiges in einer Stadt, die sich selbst noch zu suchen scheint. Die Prachtbauten sind mittlerweile stark in die Jahre gekommen und angegraut, ihren imperialen Charme haben sie aber trotz aller Patina und der umgebenden Tristesse der Plattenbau-Vorstädte nicht verloren. Die ehemalige Monarchie dämmert im Dornröschenschlaf vor sich hin – als ungeschliffener Diamant mit recht wenigen Verehrern. Wenn, dann verirren sich Tagesgäste aus der Ukraine her, der internationale Touristenstrom hingegen hat die Stadt noch nicht erreicht. Er wird derzeit von der – zugegebenermaßen noch schöneren, weil frisch herausgeputzten – Städteperle Krakau in Polen (nur 330 Kilometer westlich gelegen) abgefangen. Über die Mühsal der EU-Außengrenze und über den, in den Köpfen immer noch vorhandenen Stacheldrahtzaun des früheren Ostblocks, verirren sich nur wenige Gäste aus dem Westen. Noch!

Wohin sich die Stadt selber orientiert, wird dem Besucher spätestens am Flohmarkt klar: Für die Bevölkerung ist das Krisengebiet in der Ostukraine weiter weg als tatsächlich (knapp 1.200 Kilometer), der goldene Westen hingegen viel näher (Wien zum Beispiel 790 Kilometer). Und was sie von Putin halten, verdeutlicht die feilgebotene Ware auf den Marktständen: Neben handgestrickten Socken, Babuschkas, bestickten Tischdecken und Kopftüchern gibt es Toilettenpapier mit Putins Konterfei aufgedruckt.

Putin grinst vom Toilettenpapier

Warum hinfahren?

Sicheres Reiseziel in Aufbruchsstimmung

Vor genau 100 Jahren, am 1. November 1918, wurde in Lemberg die Westukrainische Volksrepublik gegründet, seit damals hat die Stadt turbulente Zeiten hinter sich. Die anhaltende Krise im äußersten Osten des Landes ist zwar weit weg und in Lwiw nicht zu spüren, vergrößert aber nicht gerade die Reiselust des Westens in das ehemalige Ostblockland. Zu Unrecht, denn Lemberg ist sicher!
Lwiw war eine der Gastgeberstädte der Fußball Europa-Meisterschaft 2012 – sie brachte den Stein ins Rollen und sorgte für den Beginn der Lemberg-Renaissance sowie den Ausbau der Straßen nach Polen. Die weltoffene, gastfreundliche zentraleuropäische Stadt wird oft mit Prag oder Krakau verglichen. Doch noch bleiben westliche Touristen aus. Es gilt, als Trendsetter ein Geheimnis zu entdecken!

Unglaubliche Lokalszene, spottbillige Preise

In der autofreien UNESCO-Welterbe-Altstadt reiht sich ein gemütliches Lokal und originelles Themenrestaurant an das nächste. In den Sommermonaten werden die engen Gassen zur kulinarischen Freiluftbühne mit viel Tanz und Musik. Die Qualität der Erlebnisgastronomie ist hoch, die Preise sind extrem günstig. Die Wechselkurse zum Ukrainischen Hrywnja sind sehr günstig, Hauptspeisen in schönen Restaurants gibt es schon ab drei Euro.

Feierlaune und Festivals

Mit über 100 Veranstaltungen im Jahr ist Lwiw die Hauptstadt der Festivals: Alles begann mit einem Kaffee-Festival (alljährlich im September – www.coffeefest.lviv.ua/en) sowie einem Schokolade-Festival. Viele weitere Themen folgten: Ukrainischer Tanz (August), Unabhängigkeit (August), alte Kunst (September), Käse und Wein (Oktober), Mode (Herbst), zeitgenössische Musik (November), Jazz (November und Dezember) usw. Auch das pompöse Opernhaus von Lemberg (www.opera.lviv.ua) bietet Aufführungen mit hohem Niveau!

It's new

Neue Kultur- und Festival-Highlights

Das LvivMozArt-Festival vom 13. bis 21. Juli ist Franz Xaver Mozart (1791 - 1844, Sohn von Wolfgang Amadeus) gewidmet. Er lebte 30 Jahre in Lemberg und prägte das Kulturleben maßgeblich. Nach einem Probelauf 2017 präsentiert sich das Festival nun auf hohem Niveau – mit Konzerten, Meisterkursen, Workshops und Ausstellungen. Und beim Schlusskonzert ist sogar die Originalvioline von Wolfgang Amadeus Mozart zu hören (zur Verfügung gestellt von der Stiftung Mozarteum Salzburg). www.mozart.lviv.ua/en

Dem Erfinder der Petroleumlampe, Ignacy Lukasiewicz, ist das Restaurant Gas Lamp gewidmet

Das Handy als Guide
Die neue City-Tour „First time in Lviv" führt per Smartphone durch die Stadt, im Boden eingelassene QR-Codes versorgen mit Infos. www.lviv.travel/en/profitably/QR-codes

Internationale Luxus-Hotelprojekte
Die InterContinental Hotel-Gruppe expandiert in die Ukraine und investiert 25 Millionen Euro in die Renovierung des ältesten Hotels von Lemberg, dem 1893 eröffneten „Grand Hotel". Dieses wird 2018 (voraussichtlich September) als Crowne Plaza mit fünf Sternen glanzvoll neu eröffnen. Angekündigt ist weiters das Bank Hotel mit 100 Zimmern.

Schöner wohnen

Park Plus Apart: Bildschön und preiswert
Neu umgebaute, sehr stylische Studios und Apartments für zwei bis vier Personen in einem klassizistischen Bau inmitten der Altstadt. Frühstück gibt's in einem Bistro ums Eck (ab 34 Euro für zwei Personen pro Nacht). Frühzeitig buchen! www.park-plus-apart-apartment.lvivhotels.net/de

Gut zu wissen

Grenze: Das Ende der EU

Die Anreise mit dem Auto ab Österreich ist bis zur polnisch-ukrainischen Grenze überhaupt kein Problem (720 Kilometer fast durchgehend Autobahn), doch an dieser EU-Außengrenze folgt eine Geduldprobe von unabsehbarer Länge. Drei Stunden Wartezeit gelten als Glück, langwierige Kontrollen und Willkür sind an der Tagesordnung. Die Site www.granica.gov.pl gibt gute Infos über die Wartezeiten (auch auf Deutsch!). Von der Grenze ist es dann nur noch eine Stunde bis Lemberg. Hier unbedingt einen bewachten Parkplatz nehmen!

Kauderwelsch und Pantomime-Kommunikation

Ukrainisch ist dem Russisch sehr ähnlich und wird kyrillisch geschrieben. Das heißt, der unkundige Tourist kann nicht einmal Beschriftungen entziffern. Englisch oder Deutsch spricht fast niemand, die Kommunikation ist also alles andere als einfach und gelingt am ehesten mit Hand und Fuß und guten pantomimischen Fähigkeiten. Wer keine Überraschungen erleben möchte: Im Fachhandel gibt es praktische Bilderwörterbücher, die in solchen Fällen hilfreiche Dienste leisten.

Infos:

www.lviv.travel

Bude mit Weichsel-Likör – sehr schmackhaft!

Ein Spagat zwischen Mittelalter und Zukunft

Georgien, das Land zwischen Asien und Europa, ist im Auf- und Umbruch. Die wilde Bergregion Swanetien im Großen Kaukasus lädt mit ungezähmter Natur und uralten Dörfern zu faszinierenden Zeitreisen. Georgien ist drauf und dran, sich zum angesagten Trendziel zu mausern.

Beeindruckende Natur in Swanetien, dem Nordwestteil Georgiens

Nino's Breakfast, Cafe, Shop, Guest-House" verrät das simple Schild, doch das Haus mit dieser Aufschrift gleicht eher einer Ruine: zerbrochene Fenster, tiefe Risse in der Mauer, das Obergeschoß wird notdürftig von einem Bretterverschlag zusammengehalten. Unser Durst ist groß, neugierig lugen wir in die Bruchbude: Ja, es handelt sich tatsächlich um ein bescheidenes Lokal, es gibt kalte Getränke und starken Kaffee. Und – welch Überraschung – Highspeed-WLAN! Fotos sausen via WhatsApp in die Heimat. „Was, dieser Schutthaufen soll ein Kaffeehaus sein?!?", kommt postwendend die belustigte Antwort. Ja, hier in Adishi ist es sogar das erste (weil einzige) Haus am Platz!

Gästehaus „Nino's Breakfast" in Adishi

Adishi ist ein abgeschiedenes Bergdorf in Swanetien, einer Gebirgsregion im Nordwesten Georgiens. Und somit Teil Europas! Was allerdings schwer fällt, zu glauben: Die Jugend reitet auf ungesattelten Pferden durch den Morast der steilen Holperwege (von Gassen kann man wahrlich nicht sprechen), am Dorfplatz bewachen Muttersäue streng ihren Wurf puderrosa Ferkel, ein Mann zerrt an einem Ochsen, der wiederum einen schwer beladenen Kufenschlitten über die Steine zieht. Autos gibt es nicht, sie hätten im Dorf auch nirgendwo fahren können. Der halbwüchsige Sohn von Nino's Cafe aber sitzt vor dem Computer.

Wanderfreuden in endlosen Blumenwiesen

Mittelalter trifft Gegenwart: Georgien ist ein Land der krassen Gegensätze – und absolut faszinierend. So einfach die Lebensverhältnisse in den abgeschiedenen Bergdörfern Swanetiens sind, sie werden durch die landschaftliche Schönheit der Region, der herzlichen Gastfreundschaft der Georgierinnen und Georgier und vor allem dank der hervorragenden Küche mehr als wett gemacht. Wir sind auf des Schusters Rappen unterwegs, auf einer fünftägigen Trekkingtour entlang der Gletschergiganten des Großen Kaukasus.

Bergparadies im Großen Kaukasus

Pferde helfen über den Gletscherfluss

Swanetien ist der spektakulärste Landstrich Georgiens, seinem Beinamen „Land der 1.000 Türme" macht er alle Ehre. Ab dem 11. Jahrhundert gab es hier offensichtlich einen wahren Wehrturm-Wettstreit. In jedem Ort ragen zahlreiche Exemplare des trutzigen Mauerwerks bis heute in den Himmel. Könnten die steinernen Zeitzeugen sprechen, würden sie von Blutrache, Stammesfehden, Statussymbolen, Angriffen der frauenraubenden Nordkaukasier und donnernden Lawinenabgängen berichten. Alldem haben sie standhaft getrotzt. Heute stehen sie malerisch in der Landschaft herum und halten Satellitenschüsseln hoch. Unsere Gruppe marschierte zwei Tage zuvor in Mestia, der Provinzhauptstadt mit bescheiden beginnendem Bergtourismus, los. Wanderguide Teona Shamanauri führt uns immer tiefer hinein in eine unberührte Bergwelt, immer weiter weg von der Zivilisation. Die Kulisse ist beglückend schön: Hinter uralten, archaischen Bergdörfern gleißen 5.000 Meter hohe Gletscherriesen, davor liegen saftige Wiesen mit einer so üppigen und bunten Blütenpracht, dass man meint, durch den Schaugarten einer Großgärtnerei zu wandern. Wer im Juni und Juli kommt, erlebt zusätzlich die weiß-gelbe Pracht blühender Rhododendren-Wälder. Mit jedem Schritt nimmt uns die mittelalterliche Lebensweise mehr gefangen: Unser Leben reduziert sich auf halbverfallene Bergdörfer zwischen 1.800 und 2.400 Meter Seehöhe und ihre minimalistische Infrastruktur. Wir marschieren auf einsamen Pfaden über bis zu 3.200 m hohe Pässe und genießen grandiose Panoramablicke auf Ushba (4.737 m), Tetnuldi (4.858 m), Laila (4.010 m) und Schchara (mit 5.193 m der höchste Berg Georgiens). Dazwischen müssen immer wieder glasklare Gebirgsbäche und reißende Gletscherströme überquert werden. Einmal gelingt das stets abenteuerliche Manöver nur mit Hilfe von Pferden.

Einfaches Leben in urigen Dörfern

Die Lebensverhältnisse in den abgeschiedenen Bergdörfern Swanetiens sind selbst im Sommer bei plus 20 Grad mehr als bescheiden.

Bergdorf Adishi in Swanetien, dem Land der 1.000 Türme

Wir können uns gar nicht vorstellen, wie die Bevölkerung den Winter bei minus 20 Grad und, wegen Schneemassen für Monate von der Umwelt abgeschlossen, übersteht. Das eingangs erwähnte Adishi ist ein besonders bescheidenes Dörfchen – mit dramatischer Vergangenheit: 1985 zerstörte eine riesige Lawine einen Großteil der Gebäude. Die überlebende Dorfbevölkerung wurde von der Regierung abgesiedelt – und zwar nicht in ein anderes Bergdorf, sondern in die weit entfernte Ebene. Seit einigen Jahren kommen ein paar Familien zumindest im Sommer zurück – und hämmern und reparieren so gut es geht. Sie lieben ihre Heimat einfach!

In Ushguli erlebt der Gast den Höhepunkt des Wehrturmwahns: Das Dörfchen zu Füßen des mächtigen Schchara ist UNESCO-Weltkulturerbe und wird als das höchstgelegene dauerhaft bewohnte Dort Europas gehandelt (in 2.200 m bis 2.400 m). Einst standen hier 300 Wehrtürme, 30 haben überlebt und zieren das saftig-grüne Hochtal.

Ein Land im Umbruch

Mächtige Berge, historische Legenden wie z. B. die vom Goldenen Vlies, zahlreiche uralte orthodoxe Klöster und kostbare Kirchen, Höhlenstädte aus grauer Vorzeit sowie unberührte Natur soweit das Auge reicht – Georgien ist ein echter Geheimtipp für Aktiv-Urlauber, die abseits des Mainstreams in eine Kultur, in der einiges fremd und manches vertraut erscheint, eintauchen möchten. Das kleine Land erklärte sich 1991 von der zerfallenden Sowjetunion unabhängig und präsentiert sich heute als sicheres Reiseland, das immer beliebter wird. Georgien verfügt über eine völlig eigene Sprache sowie Schrift, doch wohin die Reise gehen soll, erkennt der Besucher an allen öffentlichen Gebäuden: Vielerorts weht neben der georgischen Fahne (weiß mit roten Kreuzen) das blaue Sternenbanner der Europäischen Union. Das Reiseland Georgien bewegt und berührt den Mitteleuropäer zutiefst. Nirgendwo sonst sind Verfall und Fortschritt, Tradition und Zukunft, Armut und Lebensfreude so eng verwoben.

Georgiens Vergangenheit ist eine fortwährende Geschichte von Zerstörung und Wiederaufbau, Vernachlässigung und Hoffnung. Das vielfältige, kontrastreiche Kaukasusland ist im Auf- und Umbruch. Und am besten Weg, sich dem Tourismus zu öffnen. Immer mehr Reiseveranstalter nehmen Georgien in ihr Programm auf (z. B. Ruefa) – nicht nur mit Wander-, sondern auch mit spannenden Kulturreisen.

Köstliche Georgische Küche

Urig, einfach und sauber: Gästezimmer

Trutzige Wehrtürme in Ushguli

Gastfreundschaft und Gesang

Die – überaus sehenswerte Hauptstadt Tiflis (Tbilisi) – ist schon einen guten Schritt weiter, hier gibt es die ersten Fünfsterne-Hotels und immer mehr internationale Brands etablieren sich. Am Land, außerhalb der größeren Städte sieht es mit Unterkünften westlichen Standards aber noch mager aus. Wandertouristen in den Bergregionen stehen nur kleine, private Guesthouses zur Verfügung. Doch sie sorgen für so manche Überraschung: Die Quartiere sind zwar einfachst aber blitzsauer, oft gibt es nur Mehrbettzimmer und Etagendusche. Doch kaum zieht der Wanderer die Schuhe aus, wird er von der sprichwörtlichen georgischen Gastfreundschaft überschüttet: In winzigen Küchen entstehen köstliche Menüs, weniger als 15 verschiedene Speisen mit viel frischem Gemüse aus dem eigenen Garten kommen nie auf den Tisch.

Georgischer Wein wird verkostet (köstlich! Georgien gilt als Wiege des Weins mit einer 8.000 Jahre Rebkultur), es wird gesungen und getanzt – und der Gast ist stets mittendrin. Eines Abends steigt in unserem Guesthouse ein rauschendes Fest: Der Sohn des Hauses hat Geburtstag. Wir trinken auf sein Wohl und wollen gratulieren. Wo ist er denn? Nicht da – er lebt im Ausland, ist die verblüffende Antwort. „Das ist typisch Georgien“, lacht Teona. „Wir feiern eben gerne!“

Warum hinfahren?

Vom Geheimtipp zum Trendziel

Von Georgien werden wir in naher Zukunft viel hören, Reiseveranstalter setzen vermehrt auf das vielfältige, sichere Kaukasusland mit seinen uralten orthodoxen Klöstern und Kirchen, unberührten Naturschönheiten, Stränden am Schwarzen Meer und seiner hippen Hauptstadt Tiflis (Tbilisi, wie die Georgierinnen und Georgier sagen). Gepaart mit herzlicher Gastfreundschaft und einer hervorragenden Küche zu extrem günstigen Preisen eine perfekte Mischung. Eigentlich ein Wunder, dass nicht schon die halbe Welt Schlange steht!

Garten Eden für Wanderer

Natur- und Bergfans erleben in den georgischen Kaukasusregionen eine menschenleere, unberührte Bergwelt, wie es sie in Mitteleuropa nicht mehr gibt. Besonders schön ist die Gebirgsregion Swanetien im Nordwesten des Landes: Saumpfade führen entlang von großartigen Bergpanoramen und mächtigen Gletscherbrüchen, über Pässe und blumenübersäte Wiesen, durch Wälder und urtümliche Dörfer.

It's new

Investitionsschub in Swanetien, dem bergigen im Nordwesten

Bis vor Kurzem verband nur eine halsbrecherische Rumpelpiste entlang tiefer Abgründe die beiden Hauptorte Swanetiens, Mestia und Ushguli: Die 45 Kilometer waren nur mit Geländewagen und nicht schneller als in 3,5 Stunden zu machen! Aktuell wurde mit dem Bau einer Asphaltstraße begonnen. Eine Weiterführung ab Ushguli über den Sagaro Pass hinaus bis Lentechi ist in weiterer Folge geplant.

Skifahren im Großen und Kleinen Kaukasus

Brandneu in Swanetien sind nahe Mestia die beiden Skigebiete Tetnuldi und Hatsvali (Großer Kaukasus). Die modernen Liftanlagen, landschaftlich traumhaft schönen Pisten und perfekten Schneebedingungen ziehen auch immer mehr ausländische Besucher an.
Ein weiteres Wintersportresort soll demnächst beim Goderdzi Pass im Süden Georgiens (Kleiner Kaukasus) vollendet werden.

Ein Land stellt sich zur Schau - neue Museen

In der westgeorgischen Kleinstadt Vani (nahe der zweitgrößten Stadt Kutaissi) befindet sich ein neues Museum über die Geschichte des Goldenen Vlies in Bau. In Tbilisi, Georgiens Hauptstadt, eröffnet Ende 2018 das neue Museum für moderne Kunst. Das Haus in der Hauptstraße Rustaveli beherbergt auch ein französisches Bistro und ein georgisches Restaurant.

Internationale Top-Hotellerie fasst Fuß

Das internationale Hotelbusiness hat die Attraktivität von Tiflis erkannt, zahlreiche große Firstclass-Hotelprojekte stehen vor der Realisierung: Neu ist das Tbilisi Marriott Hotel, Ende 2018 eröffnet das Park Inn by Radisson Tori Tbilisi. Weitere Häuser der Marken Rixos, Paragraph by Autograph Collection, Park Inn, Hilton und des gehobenen einheimischen Brands Stamba folgen nach.

Neuer Flug ab Wien

Erweiterte Flugverbindungen sind stets der Beginn eines touristischen Booms. Ab 15. November 2018 fliegt die Ungarische Low Cost-Airline WIZZ dreimal wöchentlich nonstop von Wien nach Kutaisi, der zweitgrößten Stadt Georgiens im Zentrum des Landes (www.wizzair.com, ab 29,99 Euro)

Schöner wohnen

Guesthouse Mountain View, Mestia, Swanetien

Uraltes Steinhaus mit neuem Zubau, die geräumig-schlichten Zimmer verfügen alle über ein eigenes Bad. Schöner großer Garten und Gemeinschaftslounge.
(keine Internetadresse, buchbar z. B. über Booking.com).

Guesthouse Lachiri, Swanetien

Uriges altes Haus, sehr stilvoll und erfrischend puristisch renoviert (Georgier haben sonst einen ausgeprägten Hang zum Kitsch). Die Zimmer sind einfach, sehr sauber und geräumig, Gemeinschaftsbad. Hervorragende Küche!
Tel. +995 599 57 09 60 oder +995 598 00 73 26 (kein Internet)

Gut zu wissen

Allein über die Berge ist schwierig

Abenteuerlustige Bergfreunde können in Swanetien auch auf eigene Faust wandern (Wegweiser sind rudimentär vorhanden), wegen der noch spärlichen Infrastruktur empfehlen wir aber eine geführte Wanderreise (z. B. bei www.weltweitwandern.at). In den sehr einfachen privaten Guesthouses wird für angemeldete Gruppen großartig aufgekocht. Ohne Voranmeldung kann passieren, dass nicht genug Vorrat da ist. In den Bergen gibt es kaum Einkehrmöglichkeiten.

Infos:

www.georgia.travel

Nachreisen leicht gemacht – Angebotsbeispiel:

„Land des Goldenen Vlies": 8-tägige Busreise ab/bis Tiblissi – inkl. sieben Übernachtungen im Doppelzimmer mit Halbpension und einem Picknick, Verlauf laut Programm.
Preis pro Person (ohne Fluganreise) ab 775 Euro.
Gesehen im DERTOUR-Katalog „Russland, Kaukasus, Mittelasien"; tagesaktuelle Flugpreise und Buchung in jedem guten Reisebüro oder auf www.dertour.at

Markierungen sind in Swanetien sehr selten, wir empfehlen geführte Wandertouren

Der große Auftritt

Valletta auf der Mittelmeerinsel Malta und Leeuwarden im niederländischen Friesland sind die beiden Kulturhauptstädte Europas 2018. Vorhang auf für zwei unterschiedliche urbane Kleinode.

Der große Hafen von Valletta auf Malta

Valletta Waterfront mit einladenden Lokalen

Malta: Von der Festung zum Kultur-Hot Spot

Es war das größte Glück der kleinen Insel Malta, dass anno 1557 Jean de la Vallette Großmeister des Johanniter-Ritterordens wurde. Er sollte auf der winzigen Mittelmeerinsel Malta ein christliches Bollwerk gegen die Osmanen errichten. Fieberhaft kümmerte er sich um den Ausbau gewaltiger Festungsanlagen. Die europäischen Adelshäuser unterstützten sein beherztes Tun mit gewaltigen Geldbeträgen. Sie flossen zum größten Teil in die neue Hauptstadt. So wurde Valletta Seefestung, Hafen, Ordenssitz und Wohnsiedlung in einem – mit prächtigen Barockbauten aus honiggelbem Sandstein und einem damals richtungsweisenden Krankenhaus. Keine Stadtanlage des 17. Jahrhunderts war wehrhafter! Die fast 300 Jahre dauernde Regentschaft des Johanniter-Ordens machte aus dem einst verarmten Eiland eine Hochburg europäischer Zivilisation.

Heute ist Valletta die einzige Hauptstadt der Welt, die zur Gänze UNESCO-Weltkulturerbe ist. Jedes einzelne Gebäude der Altstadt ist denkmalgeschützt! Mit gutem Grund: Kaum eine andere Stadt konnte ihre kulturelle Vielfalt und ihren Charakter über so viele Jahrhunderte authentisch bewahren. Nicht nur die Johanniter, auch die Phönizier, Römer, Vandalen, Ostgoten, Araber, Normannen, Aragonesen und Franzosen hinterließen ihre Spuren. Schlussendlich gaben über 160 Jahre englische Kolonialzeit Malta den letzten Schliff (1800 bis 1964). Eine Besichtigungstour durch Valletta ist eine vergnügliche Angelegenheit, die engen Gassen sind schachbrettartig angelegt, stets streicht eine frische Meeresbrise durch sie hindurch. Die Hauptachse Republic Street zieht magisch zu den wichtigsten Sehenswürdigkeiten hin – zum Großmeisterpalast am wunderschönen Republic Square und zur St. John's Co-Cathedral.

Valletta ist mit zahlreichen barocken Palazzi, bunten Holzbalkonen und herrlichen Parkanlagen schön wie ein Freilichtmuseum, wirkt aber keineswegs verstaubt oder museal. Nicht nur Urlauber, auch die Einheimischen haben die Altstadt (wieder) für sich entdeckt, sie gilt mit ihren zahlreichen Geschäften und Cafés seit geraumer Zeit als „the place to be". Stilvolle Boutique-Hotels wurden in altehrwürdigen Palästen realisiert. Zuletzt verpasste der italienische Stararchitekt Renzo Piano der Stadt einige krachmoderne Landmarks.
Das Kulturhauptstadtjahr zelebriert Malta nicht nur in Valletta. Das ganze Land ist beteiligt und die Feierlichkeiten erstrecken sich über den ganzen Zwergstaat.

Stararchitekt Renzo Piano gestaltete Valletta neu

Typisch Friesland: Ort an der Gracht

Leeuwarden: Kultur am Wasser und im Watt

Die zweite im Bunde der Kulturhauptstädte 2018 ist Leeuwarden. Leeuwarden? Noch nie gehört. Das geht vielen so! Während Amsterdam, die Metropole der Niederlande, sattsam bekannt ist, ist die kleine Provinzhauptstadt von Friesland ein unbeschriebenes Blatt. Dabei ist das Städtchen ein wahres Schmuckstück.

Das unbekannte friesische Städtchen Leeuwarden will entdeckt werden

Jahrhunderte alte Giebelhäuser aus rotem Backstein spiegeln sich im Wasser stiller Grachten. Die zentrale Nieuwe Oosterstraat und die Kleine Kerkstraat sind geprägt von reichen Kaufmannshäusern – Zeugen von Leeuwardens Vergangenheit als reiche Handels- und Residenzstadt. Um ihre Bedeutung zu untermauern, wollten die Stadtväter im 16. Jahrhundert die größte Kirche der Niederlande errichten. Daraus wurde zwar nichts, das wuchtigen Backsteinmonument ist dennoch gewaltig. Und sorgt mit seinem Kirchenturm für das leicht schräge Wahrzeichen der Stadt: Der „Oldehove" neigt sich um genau 1,99 Meter bedenklich zur Seite und zieht als Aussichtsturm zahlreiche Besucher an.

Berühmteste Tochter Leeuwardens ist Mata Hari – besser gesagt: Margaretha Zelle. Mit 28 Jahren – 1904 – zog sie nach Paris und trat unter dem Künstlernamen Mata Hari („Auge des Morgens") als Tänzerin auf. Nackt! Welch Skandal zu dieser Zeit! Der Mythos der Erotik-Ikone wird aber erst durch ihr weiteres Leben genährt: Die Mätresse geriet als Doppelspionin unter Verdacht. Vor 101 Jahren, exakt am 14. Oktober 1917, wurde Mata Hari hingerichtet. Zu ihrem 100. Todestag zeigte das Fries Museum die größte Mata Hari-Ausstellung aller Zeiten. Aber auch jetzt noch ist Mata-Hari in ganz Leeuwarden allgegenwärtig: Schaufenster sind mit ihrem Bild dekoriert, es gibt Mata-Hari-Stühle, Mata-Hari-Käse und Bierdeckel zeigen die leicht bekleidete Tänzerin.

So wie in Malta ist der Kulturhauptstadt-Veranstaltungsreigen nicht auf Leeuwarden beschränkt, auch hier feiert die ganze Region Friesland mit. Die Tourismusverantwortlichen kündigen das Event wie folgt an: „2018 zeigen wir, wie wir Friesen das Leben feiern. Wie wir uns mutig trauen, aus der Masse hervorzustechen, um der Welt unsere eigenwillige Art zu zeigen. Unsere Landschaft ist die Bühne und alle sind eingeladen." Klingt spannend! Nichts wie hin.

Friesland-Museum in Leeuwarden

Hindeloopen, Teil der Friesischen „Elf-Städte-Tour"

Warum hinfahren?

Europas Kulturhauptstadt 2018 – Valletta/Malta

Es weht ein frischer Wind über das Eiland: Valletta ist Kulturhauptstadt Europas – und das ganze Land feiert mit. Mehr als 140 Kulturprojekte und 400 Events sind geplant: klassische Oper, Performance Art, Design, Musik, Film, Theater, Tanz und Videokunst. Das Programm 2018 dreht sich um die vier Schlüsselthemen Generationen, Routen, Städte und Inseln. Bewährte bestehende Veranstaltungen wie die Fashion Week, das Valletta Film Festival, das Malta International Arts Festival, das Malta Jazz Festival, die Kulturnacht „Notte Bianca" sowie die vielen historischen Paraden, Theater- und Opernaufführungen werden beibehalten und noch schöner gestaltet. Highlight ist das alljährliche Hafenfest im Juni.

Schon im Vorfeld hat sich viel getan: Die Altstadt wurde immer lebendiger und en vogue. Der italienische Architekt Renzo Piano gestaltete 2015 ein spektakuläres neues Parlamentsgebäude, das sich mit einer wabenartig aufgebrochenen Steinfassade gut in die alte Substanz einfügt. Gleich daneben entstand aus den Ruinen des königlichen Opernhauses ein Freilufttheater. Pianos neues, kühnes Stadttor öffnet den Stadteingang Richtung Meer sowie Himmel.

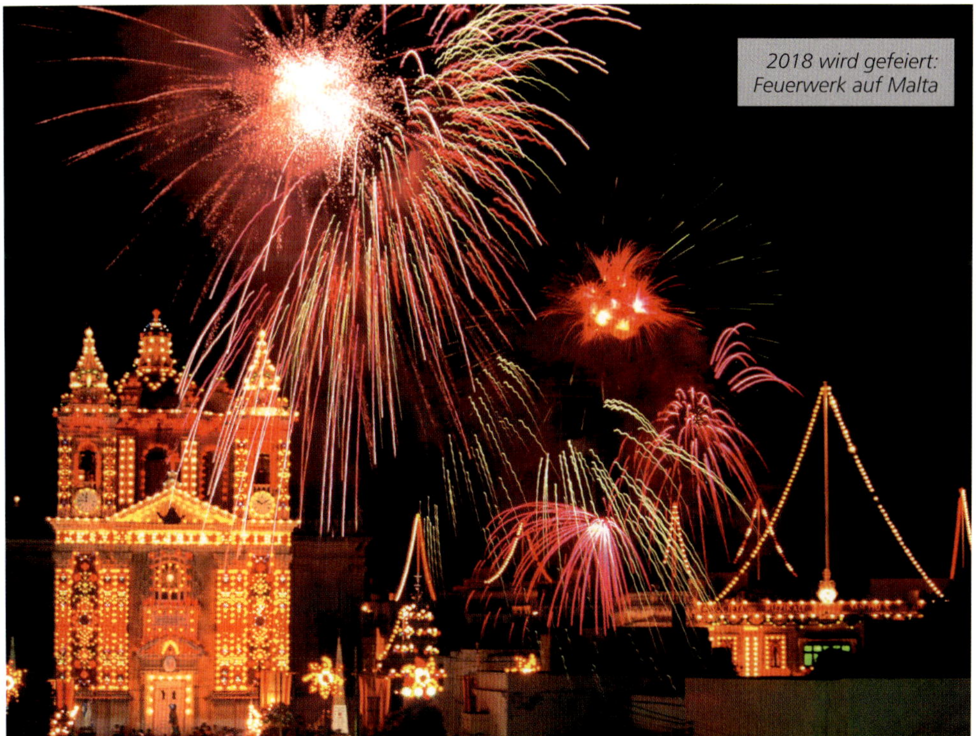

2018 wird gefeiert: Feuerwerk auf Malta

Europas Kulturhauptstadt 2018 – Leeuwarden/Niederlande

Die Provinzhauptstadt Leeuwarden und die ganze Region Friesland gestalten 800 Gemeinschaftsprojekte für das Kulturhauptstadt-Jahr. Alle Friesen wurden zum Mitmachen aufgerufen, unter dem Motto: „Traut euch zu träumen – eine kleine Provinz kann Großes bewegen!" Wasser spielt die Hauptrolle. Wenig verwunderlich, denn fast die Hälfte Frieslands besteht aus Wasser: mit Seen, Kanälen, Grachten, dem Wattenmeer und weiten Landesteilen, die unter dem Meeresspiegel liegen.

Mit über 100 Programmpunkten zeigen die Friesen, wie sie das Leben feiern und nachfolgenden Generationen dennoch einen gesunden Planeten hinterlassen. „Kultur ist nicht das Ziel, sondern das Mittel. Unsere Landschaft ist die Bühne", sagt Claudia Woolgar, künstlerische Leiterin von Leeuwarden 2018. Und ergänzt: „Erleben Sie, was das größte Ereignis in der Geschichte Frieslands bedeutet. Es ist ein Schritt in eine bessere Zukunft: Wir arbeiten an Fragen, die für die nächsten Generationen von Bedeutung sind."

Die Höhepunkte: Das Fries Museum ehrt nicht nur die Erotiktänzerin Mata Hari, sondern auch Leeuwardens großen Sohn, den visionären Künstler Maurits Cornelis Escher (seine Bilder hängen in Museen auf der ganzen Welt). Hundert Friesenpferde beleben ein märchenhaftes Theaterspektakel und die Tallships Races zeigen herrliche Großsegelschiffe. Das Projekt „11 Fountains" verbindet die 200 Kilometer lange Strecke der ehemaligen „Elf-Städte-Tour". Beim Oranjewoud Festival ist die Natur Bühne für klassische Musik, Sense of Place zeigt Landschaftskunst im Watt.

Die Insel Terschelling zeigt Landschaftskunst im Watt

It's new

Valletta: Moderne Kunst für alle

Das neue Museum MUZA – National Museum of Fine Arts – ist Flaggschiff-Projekt des Kulturhauptstadtjahres. Untergebracht ist der neue Tempel der Kunst in der Auberge d'Italie aus dem 17. Jahrhundert (ab Mitte 2018). https://muza.heritagemalta.org

Valletta: Neue Flanier- und Kunstmeile

Die Strait Street, die schmalste Straße Vallettas (3,5 bis vier Meter breit, 665 Meter lang) war einst Rotlichtviertel und reichlich trist. Nun wird ihr neues Leben eingehaucht und Platz für Aktivitäten und künstlerische Begegnungen gemacht. Weiters werden der Graben um die Festungsanlagen sowie der Triton-Platz neu gestaltet.

Leeuwarden: Watt-Erlebnisse mit trockenen Füßen

Wierum ist ein 330 Seelen-Dorf hinter dem Nordseedeich. 2018 wird ein 500 Meter langer Pier samt Pavillon in das Wattenmeer realisiert, so ist das Watt nun auf völlig neue Art erlebbar.

Leeuwarden: Slachtemarathon – 2018 doppelt genießen

Der Slachtemarathon ist ein kulturelles Marathon-Wanderevent, das alle vier Jahre stattfindet und sich über 42 Kilometer quer durch Friesland zieht. 2018 kommt es zu einer neuen Sonderauflage, die alles verdoppelt: zwei Tage lang gibt's in 27 Dörfern über 85 Kilometer Musik, Kunst, Literatur, Tanz, Theater, Kulinarik und Pop-up-Hotels an den seltsamsten Orten. 10.000 Sportfans und Schlachtenbummler werden erwartet.

Grünes Idyll Friesland, im Kulturhauptstadtjahr wirkungsvoll in Szene gesetzt

Schöner wohnen

Valletta: Boutique Hotel The Saint John 4*

Im September 2017 eröffnete im Herzen Vallettas das Boutique Hotel The Saint John. Der Palast aus dem 17. Jahrhundert bietet 21 Zimmer mit modernsten Technologien. Im Haus gibt's auch ein Cheeky Monkey-Restaurant (trendigste Kulinarik-Marke Maltas). www.thesaintjohnmalta.com

Leeuwarden: Post-Plaza Hotel 4* & Grand Café

Das frühere Hauptpostamt aus 1885 wurde aufwändig restauriert: Sehr cool, sehr stylisch, mitten im Zentrum. www.post-plaza.nl

Gut zu wissen

Kulturhauptstadt-Jahre wirken nach

Die Initiative „Kulturhauptstadt Europas" wurde 1985 von der griechischen Kulturministerin Melina Mercouri gegründet und erlebt seitdem eine Erfolgsgeschichte. Ziel ist, die kulturelle Vielfalt der Städte aufzuzeigen, die Kulturszene ins Rampenlicht zu rücken und Impulse für deren langfristige, nachhaltige Entwicklung zu setzen. Bis dato wurde der Titel 58 Mal verliehen, 2024 ist wiederum Österreich an der Reihe (nach 2003 Graz und 2009 Linz), die Bewerbungen dafür laufen noch. Dem Vernehmen nach steht St. Pölten aktuell hoch im Kurs.
Kulturhauptstädte erhalten aus dem Programm „Creative Europe" EU-Fördergelder in der Höhe von 1,5 Millionen Euro pro Stadt. Während des Jubiläumsjahres selber ist in den betreffenden Städten der Trubel und der Veranstaltungsreigen naturgemäß groß. Danach kehrt wieder Ruhe ein – die verwirklichten Infrastrukturmaßnahmen bleiben für die Zukunft erhalten und werten die Städte langfristig auf. So etwa profitiert Linz von seinem Kulturhauptstadttitel 2009 bis heute und ist erst danach so richtig aufgeblüht.
Die Kehrseite der Medaille: Speziell in Valletta sind die Immobilienpreise mit dem Kulturhauptstadtjahr in die Höhe geschnellt. Für die einheimische Bevölkerung wird es immer schwieriger, in der Stadt zu leben.

Infos:

Valletta 2018: www.valletta2018.org, www.urlaubmalta.com
Leeuwarden 2018: www.friesland.nl/de, www.2018.nl

Sehr einladend: Post-Plaza Hotel in Leeuwarden

Zwei Methusalem-Städte und ihr Aufstieg

Matera in Süditalien und Plovdiv in Bulgarien sind 2019 Kulturhauptstädte Europas. Beide zählen zu den ältesten Ansiedlungen der Welt, erlebten eine turbulente Geschichte und kennen soziale Probleme. Ihr Weg von der Verwahrlosung zu Musterschülerinnen ist spannend.

Das großartige Matera in Süditalien ist Europäische Kulturhauptstadt 2019

Die Sassi von Matera: Schöne Schande

Das Tuffstein-Plateau Materas wird von unzähligen Höhlen durchlöchert

Es ist keine schlechte Idee, vom Bahnhof Matera den kleinen Bus der „Linea Sassi" zur Kirche San Pietro Caveoso in der Altstadt zu nehmen: So bekommt man für 1,50 Euro eine großartige Panorama-Zeitreise in die biblische Vergangenheit. Ich habe mir die süditalienische Höhlenstadt Matera sehr schön und sehr speziell vorgestellt, doch was sich hier darstellt, übertrifft alle Erwartungen und wirkt fast surreal: Je nach Sonnenstand leuchten die Hausfassaden und Eingänge in die Wohngrotten aus Tuffstein – den berühmten Sassi – weiß oder gelb. Wie übereinander geschlichtet wachsen sie den steilen Hang hinauf. Jenseits der Felskante, am Grund der mit Höhlen durchlöcherten Schlucht, rauschen die Wasser der Gravina. Ganz oben thront der spitze Turm der Kathedrale. Ein Labyrinth aus verschlungenen Gässchen, steilen Treppen, Torbogen und Durchgängen windet sich hinauf. Kein Wunder, dass bekannte Regisseure – u.a. Mel Gibson für seinen „Passion Christi" (2004) oder Timur Bekmambetow für die Neuverfilmung von „Ben Hur" (2016) – Matera als archaische Kulisse wählten.

Um die Sassi-Stadt zu verstehen, muss man ihre Geschichte kennen (sie wird eindrucksvoll in der Casa Noha gezeigt – www.casanoha.it): Die 60.000-Seelen-Gemeinde gilt als eine der ältesten kontinuierlich bewohnte Siedlungen der Menschheit. Die zahlreichen Höhlen im Tuffsteinplateau boten Schutz, die Gravina Wasser. Ein guter Platz für das Leben in der Steinzeit! Ab dem 8. Jahrhundert kamen zahlreiche Mönche, bis ins 17. Jahrhundert war Matera eine Stadt aus Sassi, Höhlenkirchen und winzigen hängenden Feldern. 1663 wurde sie Hauptstadt der Region Basilikata – und stieg raketenhaft empor. Glücksritter kamen in Scharen, Adelige und Reiche bauten oben am Plateau prunkvolle Barockpalazzi, Kirchen strebten gen Himmel. Unten blieben die Armen. Je tiefer, desto ärmer. Die Höhenschichtlinien der sozialer Strukturen zeigen ein krasses Gefälle.

Die Piazza Sedile in der barocken Oberstadt

Noch prekärer wurde die Lage, als 1806 Potenza neue Hauptstadt wurde. Nun verarmte in Matera alle. Jedes feuchte Felsloch musste besiedelt werden, gemeinsam mit dem Vieh und ohne Wasser und Kanalisation. Wie in der Steinzeit! Die Lebensbedingungen glichen bis Mitte des 20. Jahrhunderts Dantes Inferno, die Kindersterblichkeit lag bei 45 Prozent. In den 1950ern war Matera die „Schande Italiens". Dann folgten Sozialpläne und milderten das Elend. 1983 erhielt die Höhlenstadt den Titel UNESCO-Welterbe – und betrat die touristische Landkarte. Viel ist seitdem geschehen – und die Schande ist mittlerweile richtig schön! „Matera kann keine Monumente verkaufen, weil wir die nicht haben, aber wir können die Geschichte der Menschheit erzählen", sagt Ariane Bieou, Kulturmanagerin der Stiftung Matera Basilicata 2019. Als 2014 bekannt wurde, dass Matera 2019 Kulturhauptstadt Europas ist, wollte der Jubel nicht enden. Die Sassi-Stadt ist am Weg in die touristische Oberliga!

Ariane Bieou, Kulturmanagerin von Matera Basilicata 2019

Plovdiv: Schmelztiegel und Wiedergeburt

Blick auf Plovdiv vom Hügel Nebet Tepe

Wer die Kulturhauptstadt Plovdiv im Süden Bulgariens erobern möchte, muss (so wie in Matera auch) gut zu Fuß sein, denn die zweitgrößte Stadt des Balkanstaates liegt auf sieben Hügeln. „Ähnlich wie Rom", schmunzelt die Historikerin Radostina Yotova. „Und es gibt noch weitere Parallelen: die Besiedelungsgeschichte reicht auch hier bis in die Antike zurück – allerdings noch viel weiter als in Rom, nämlich bis 6.000 vor Christus! So nennen auch wir unser Juwel liebevoll „ewige Stadt". Wir treffen Radostina beim Springbrunnen am Beginn der Knyaz Aleksander, der größten Shoppingmeile im neuen Zentrum.

Die Fußgängerzone mit zahlreichen Cafés, Restaurants und internationalen Modeläden präsentiert sich zwischen postkommunistischer Tristesse und neokapitalistischem Kaufwahn. Schnell weg hier! Radostina begleitet uns zu den wahren Schätzen Plovdivs – und zweigt in die steilen, engen, kopfsteingepflasterten Gassen der nahezu

Theater in der Flaniermeile Knyaz Aleksander

autofreien Altstadt, die sich vorwiegend den Hügel Nebet Tepe hinaufzieht, ab. Je höher wir steigen, umso schöner wird der historische Kern. „In diesem architekturhistorischen Reservat wandeln wir auf den Spuren zahlreicher multikultureller Epochen. Unsere Geschichte geht ursprünglich auf die Thraker zurück", erklärt die Historikerin. „Später folgten die Kelten, dann die Römer. Letzteren verdanken wir nicht nur die bis heute erhaltenen Festungsmauern, das Stadion, das Forum und einige frühchristliche Basiliken, sondern auch unser großartiges römisches Theater. Es ist das einzige ganz aus Marmor! 1971 wurde es rekonstruiert, heute nützen wir es intensiv für Konzerte und Veranstaltungen."
Was Plovdiv einzigartig macht und von jeder anderen Stadt abhebt, sind seine prächtigen,

Das römische Theater von Plovdiv ist ganz aus Marmor

farbenfrohen Bauten im Stile der sogenannten Wiedergeburtsarchitektur: Sie sind steinerne Zeuge des erwachenden bulgarischen Nationalbewusstseins und der Emanzipation von der osmanischen Herrschaft und Unterdrückung über fünf Jahrhunderte. Demonstrativ wurde als Zeichen der Eigenständigkeit alles traditionell Bulgarische überhöht. So entstanden ab der ersten Hälfte des 19. Jahrhunderts wahre Prunkbauten mit üppigem Dekor, reich verzierten Fassaden, floralen Ornamenten und geschwungenen Erkern. Rege Handelsbeziehungen mit Russland und Europa machten die Bewohner Plovdivs wohlhabend und offen für moderne Strömungen. Zahlreiche Wiedergeburtshäuser sind mustergültig restauriert, viele öffnen als Museen, nostalgisches Restaurant oder kleines Boutique-Hotel Besuchern ihre Pforten. Treten Sie ein – es ist, als ob man in einen Hochglanz-Bildband der bis jetzt unentdeckten Geschichte schlüpft.

Warum hinfahren?

Europas Kulturhauptstadt 2019 – Matera/Italien, Basilikata

Matera ist einzigartig: Die Kleinstadt (60.000 Einwohner) am Hohlfuß des italienischen Stiefels gelegen, bietet eine völlig intakte, seit der Steinzeit durchgehend bewohnte Altstadt, die zu großen Teilen aus Höhlenwohnungen („Sassi") besteht. Seit rund 9.000 Jahren wird hier gesiedelt – ähnlich lange wie in Jericho oder Aleppo. Die Sassi verkörpern lebendige Steinzeit-Archäologie, später prägten Griechen, Normannen, Sarazenen und Lukaner das Erscheinungsbild mit. Matera verbindet spannend zwei Welten: die archaischen Sassi mit dörflichem Charme – und die quicklebendige „moderne" Barock-Altstadt il Piano oben am Hochplateau mit urbanem, italienischen Flair.
Das Motto von Matera Kulturhauptstadt 2019 lautet Open Future (www.openfuture.matera-basilicata2019.it/en). Idee ist, die Geschichte mit der Zukunft zu verknüpfen – und dabei den Blick zielgerichtet vorwärts zu richten. „Matera gewann den Titel nicht für seine Sassi, sondern für sein visionäres Projekt", erklärt Kulturmanagerin Ariane Bieou. Im Zentrum steht die Frage: Was kann Matera Europa bringen – und umgekehrt?" Achtsamkeit und Nachhaltigkeit sind dabei von fundamentaler Bedeutung, mindestens die Hälfte der Events

Die Sassi (Höhlen) von Matera sind heute stilvolle Hotels wie hier das Sextantino

wird von der lokalen Bevölkerung und seiner kreativen Szene getragen. Der Matera Pass (um 19 Euro zu haben) berechtigt zum Besuch aller Veranstaltungen, Gäste werden mit ihm temporäre „Matera-Bürger".

Matera ist absolut sicher, die Region Basilikata landet in der Kriminalitätsstatistik Italiens stets an letzter Stelle. Ein Witz besagt, dass die Basilikata stets so arm war, dass sie nicht einmal die Mafia interessierte.

Europas Kulturhauptstadt 2019 – Plovdiv/Bulgarien

Plovdiv zählt ebenfalls zu den ältesten Städten der Welt, das archäologische und kulturelle Erbe ist 8.000 Jahre alt und immens reich. 2012 belegte Plovdiv im Ranking „die 10 schönsten antiken Städte der Welt" Platz drei, 2015 zählte der Lonely Planet die zweitgrößte Stadt Bulgariens zu den zehn besten Städten der Welt. Seit 2014 bekannt wurde, dass das Verwaltungs-, Wirtschafts-, Kunst- und Universitätszentrum 2019 Kulturhauptstadt Europas ist, begann sich das Gesicht der Stadt (zumindest im historischen Zentrum) zu verändern. Die Griechisch-römischen Ausgrabungen werden effektvoll in Szene gesetzt und mit günstigen Mieten Künstler angelockt. Die Transformation von postkommunistischer Tristesse in ein Kulturhighlight ist im Gange, doch der Weg ist wegen fehlender finanzieller Mittel und sozialer Spannungen schwierig.

Es ist das erste Mal, dass der Titel Kulturhauptstadt Europas nach Bulgarien geht. Das Motto von Plovdiv 2019 lautet „together", Künstler aller Sparten und Ethnien sind zum Mittun aufgerufen und sollen aktiv die Spannungen mindern. Das Programm fördert zwischenmenschliche Beziehungen sowie Diversität. „Normalerweise werden die glorreichen Facet-

Typische Wiedergeburts-architektur in Plovdiv

ten einer Stadt in Szene gesetzt – das kulturelle Erbe, die reiche Geschichte. Uns aber geht es vielmehr darum, Probleme zu lösen", sagt Svetlana Kuyumdzhieva, künstlerische Leiterin des Kulturhauptstadtjahres. Auch die große Gruppe der Roma-Bevölkerung wird in den Planungsprozess eingebunden. Zusätzlich feiert Plovdiv 2019 auch das zehnjährige Jubiläum von Bulgariens EU-Mitgliedschaft.

Neue Städteziele ganz nah

Zielflughafen für Matera ist das 65 Kilometer entfernte Städtchen Bari, Direktflüge ab Wien gibt es mit der Austrian Airlines (www.austrian.com) und neu seit Mitte Juni 2018 mit der aufstrebenden ungarischen Low Cost Airline Wizz Air (www.wizzair.com). Nach Plovdiv geht's über Sofia (145 Kilometer entfernt), angeflogen wird die Bulgarische Hauptstadt nonstop von der Austrian Airlines und der Bulgaria Air (www.air.bg/en).

It's new

Materas Museum der Menschheit

Am tiefsten Punkt des Stadthügels von Matera entsteht in den Sassi des früheren Langobarden-Friedhofes das Mueso Demo-Etno-Antropologico (I-DEA, einer der Ecksteine von Matera 2019): Es erzählt die Geschichte der Menschheit und die Bedeutung von „ganz unten". Allerdings ist ungewiss, ob das Projekt bis 2019 fertig wird.

Matera: Neuer Hotel-Luxus

Die jährlich um rund zwölf Prozent steigende Anzahl an Touristen will stilvoll untergebracht werden, zahlreiche Hotels entstehen – auch in der Luxuskategorie: neu sind das Pietragialla (www.pietragialla.com), das Aquatio Cave Luxury Hotel & SPA (www.aquatiohotel.com/de), das Sant' Angelo Luxury Resort (www.santangeloresort.it) und das Quarry Resort (ab 2019, www.materacollection.com)

Plovdivs coolstes Viertel

Das neue Kreativen-Viertel Kapana gab den Startschuss für Plovdivs Weg aus der kulturellen Depression. Mittlerweile haben sich in Kapana ein reges Nachtleben mit zahlreichen Clubs und Open Air-Partys sowie zahlreiche Künstlerinitiativen etabliert, Bars, Cafés und Läden sperrten auf. Kapana ist Plovdivs hippster Ort zum Leben – und sehr bald kein Geheimtipp mehr. www.visitkapana.bg/en

Plovdiv: Tabak und Kultur

Die Tabakstadt aus dem Jahr 1920 sollte als Flaggschiff-Projekt von Plovdiv 2019 zum kulturellen Zentrum umgebaut werden und internationale Investoren anlocken. Doch zwischenzeitlich wurden einige der historischen Tabakspeicher (sie befinden sich im Privatbesitz) abgerissen oder sind abgebrannt. Im April 2018 wurde die Anlage in die „Europäische Route des industriellen Erbes" aufgenommen. Wir sind gespannt, wie es weiter geht. http://tobacco-city.plovdiv2019.eu/en

Schöner wohnen

Matera: Stilvoll im Sasso logieren

Die Höhlenstadt bietet eine Vielzahl Hotels und B&B-Pensionen in den berühmten Sassi. Das edelste und bewusst puristisch gehaltene Sasso-Hotel (hier gibt es z. B. kein TV am Zimmern) ist das Sextantio Le Grotte della Civita (www.sextantio.it). Stilvoll-modernen Komfort, sogar mit Pool und Sauna (eine Seltenheit in Matera!) offeriert die Locanda di San Martino – Hotel e Antiche Termae Romanae 3* Superior (www.locandadisanmartino.it). Doppelzimmer mit Frühstück für zwei Personen ab 110 Euro (auch gesehen bei DERTOUR , www.dertour.at).

Plovdiv: Im Museum wohnen - Hotel Evmolpia 3*

Im schönen Renaissance-Haus Evmolpia im Herzen der Altstadt kann man in die Geschichte eintauchen und in mit Antiquitäten plüschig eingerichteten Zimmern nächtigen. Doppelzimmer mit Frühstück ab 55 Euro (für zwei), www.hotelevmolpia.com

Ein Spa in der Tuff-Höhle: Hotel Locanda di San Martino

Gut zu wissen

Kulturhauptstädte im sozialen Spannungsfeld

Gezielt wählte die Europäische Union für 2019 je eine Kulturhauptstadt aus den alten sowie neuen EU-Mitgliedsstaaten. Beide Städte – Matera und Plovdiv – kündigten eine rege Zusammenarbeit sowie gemeinsame Projekte an. Die Innovationskraft des Projektes Kulturhauptstadt Europas ist längst bewiesen und kommt erst Jahre später zur vollen Geltung. Auf alle Fälle bedeutet der Titel einen nachhaltigen Aufschwung für die Regionen.

In Matera ist schon viel geschehen: Zahlreiche Sassi sind mustergültig renoviert. Sie werden als Museen, Andenkenläden, Künstlerateliers, Restaurants, Hotels und Bed & Breakfasts genutzt. Doch nur wenige Materaner leben und wohnen tatsächlich hier: die Immobilienpreise steigen, die Erhaltung der Höhlen ist aufwändig und die Infrastruktur für das tägliche Leben fehlt. So erinnern die beiden Höhlenviertel Sasso Caveoso und Sasso Barisano eher an lebendige Freiluftmuseen. Abends wird es extrem still, das echte italienische Leben spielt sich oben am Piano (der barocken Oberstadt) ab.
Matera muss erst lernen, mit der stetig steigenden Zahl an Touristen und den anwachsenden Verkehrsströmen umzugehen. Nur ganz wenige Gässchen der verwinkelten Altstadt können mit dem Auto befahren werden, immer wieder kommt es hier zu Verkehrsknöpfen. Der Matera-Gast muss gut zu Fuß sein, es geht ständig treppauf und treppab und viele Unterkünfte sind nur fußläufig erreichbar. Möglichst leichtes Reisegepäck und festes Schuhwerk sind empfehlenswert!

Plovdiv hat massive soziale Probleme: Rund 86.000 der 360.000 Bewohner zählen zur Volksgruppe der Roma. Das Stadtviertel Stolipinowo ist mit 45.000 Menschen eine der größten Roma-Communities des Balkans mit Slum-ähnlichen Wohnverhältnissen. Immer wieder lässt die Stadtregierung spontan Roma-Behausungen schleifen, ohne für Ersatzquartiere zu sorgen. Das führt zu Obdachlosigkeit und großen sozialen Spannungen. Außerdem fehlt es massiv an finanziellen Mitteln – auch für das Kulturhauptstadt-Programm. Die Stadt hinkt im Plovdiv 2019-Zeitplan stark hinten nach, es gab bereits eine harsche Kritik seitens der EU, viele Pläne werden wohl nicht umgesetzt werden können.

Infos:

Matera 2019: www.matera-basilicata2019.it/en, www.aptbasilicata.it, www.basilicataturistica.it
Plovdiv 2019: www.plovdiv2019.eu/en, www.visitplovdiv.com

Wo Wald Wunder wirkt

Waldbaden, „forrest medicine", Gesundheit aus Baum-Botenstoffen: Das Thema Wald liegt massiv im Trend. Das Oberösterreichische Almtal offeriert brandneu das wissenschaftlich fundierte Programm „Waldness", das Wellness, Wohlbefinden und intensives Naturerleben kombiniert. Tanne statt Wanne!

Vorne der Almsee, hinten das Tote Gebirge – so schön ist das Almtal

„Jetzt ziehen wir alle die Schuhe aus", meint Fritz, „damit wir den Wald intensiv spüren können". Es ist kühl, in der Nacht hat es geregnet, der Boden ist nass und wir starten zu einer kleinen Wanderung. Barfuß? „Doch, doch!", ermuntert er die Zögerlichen, „es ist sicherlich nicht zu kalt!" Und schon staksen die ersten der kleinen Wandergruppe unbeschuht-vorsichtig in den Wald hinein, über einen winzigen Pfad, über weiche Moose, Wurzeln, Erde und Nadeln. Manches sticht, manches zwickt, so mancher Untergrund ist unglaublich angenehm. Noch nie habe ich meinen Fußsohlen so viel Aufmerksamkeit geschenkt, noch nie dem mich umgebenden Wald so viel Achtsamkeit. „Barfuß gehen im Wald ist nicht nur höchst vergnüglich, sondern auch überaus gesund!", erklärt Fritz. „Regt den Kreislauf an, sensibilisiert und stimuliert über die Fußreflexzonen unsere Organe!"
Fritz muss es wissen, denn Fritz Wolf (schöner Nachname für seinen Beruf!) ist Oberförster, Jagd- und Waldpädagoge, Forstwirtschafts- und Sensenmäh-Lehrer. Er liebt die Natur und kennt den Wald im oberösterreichischen Almtal wie seine Westentasche. Aus Liebe zum „Kraftplatz Wald" gründete der „Öko-Förster" 1994 die Almtaler Waldschule (die älteste Österreichs – https://waldschulealmtal.jimdo.com), gibt hier sein breites Wissen aus vielen Jahren sanfter Forstwirtschaft an Naturliebhaber weiter und bildete zwischenzeitlich weitere 1.000 Waldpädagoginnen und Pädagogen aus. Wolf ist auch einer der Ideengeber für das brandneue Almtal-Programm namens Waldness. Dieses offeriert intensives Naturerlebnis mit Tiefgang und gesundheitlichem Benefit.

Entspannung ist wichtig beim Waldness-Programm

Fritz spricht so liebevoll vom Wald wie von seinen Enkelkindern. In spannende Naturmärchen verpackt öffnet er uns die Augen und aktiviert all unsere Sinne. Bei einer mächtigen Tanne hält er inne, zupft eine Nadel ab und reicht sie uns. „Kostet doch!" Wenn er meint... Die Tannennadel schmeckt überraschend gut, ein wenig nach Mandarine. Fichtennadeln hingegen schmecken „tanniger", mehr nach Limette und Weihnachten. Wussten Sie das?

Gesundheitstrend aus Japan

„Doktor Wald": Das komplette Ensemble Wald ist ein ungeahnter Gesundheitsquell und Jungbrunnen. „Waldluft ist ein Heiltrunk zum Einatmen!", schwärmt Fritz Wolf. Das danken wir unsichtbaren, bioaktiven Substanzen und Botenstoffen, Terpene genannt (z. B.

ätherische Öle). Mittlerweile kennt man 2.000 Duftstoff-Vokabel aus 900 Pflanzenfamilien. Auch der Mensch nimmt die Terpene über Atmung und Haut auf – mit großem Benefit! Wissenschaftliche Studien (z. B. von der Nippon Medical School Tokio, der Med Uni Wien und Graz sowie der Universität für Bodenkultur) belegen die heilsame Wirkung eines Waldspazierganges. Wald wirkt wirklich! – Und zwar viel stärker, als man bisher dachte. Pflanzen kommunizieren mit unserem Immunsystem, stärken unsere Widerstandskraft und beugen Burnout vor; Terpene wirken gegen Krebs, indem sie körpereigene Killerzellen aktivieren; sie verringern das Stresshormon Cortisol, lindern Depressionen und Ängste, stärken das vegetative Nervensystem und senken Blutzuckerspiegel sowie Blutdruck. Der Biologe und Buchautor Clemens Arvay (u.a. „Der Biophilia-Effekt. Heilung aus dem Wald") bezeichnet Waldluft als „hochwirksamen medizinischen Cocktail". Die Japanerinnen und Japaner wissen das längst und setzen seit Jahren auf „Shinrin Yoku" – Waldbaden – 森林浴. Übrigens: Der Wald spricht uns so sehr an, dass sogar Wald-Fototapeten wirken!

Waldness®: Neu und weltweit einzigartig im Almtal

Waldness® ist eine brandneue, europaweit eingetragene Marke und die konsequente touristische Umsetzung aller vorliegenden Konzepte, Studien und Ideen. Das Almtal bietet sich perfekt für „Doktor Wald-Urlaube" an: 74,5 Prozent der Gemeindefläche entfallen auf die „grüne Lunge". Das bedeutet im Waldanteils-Ranking Platz zwei in Österreich (nach Sölden). Speziell geschulte Waldness-Experten vermitteln die Heilkraft des Waldes auf kurzweilige Weise: Da gibt es Waldpädagogik mit allen Sinnen, Wald- und Latschen-Bäder, Wald-Kulinarik, Wald-Massagen, Naturmedizin mit Elementen der traditionellen europäischen Heilkunde, Tiererkundungen, Ruhemöbel im Wald sowie Wyda, das Yoga der keltischen Druiden. Waldness ist auf Genießer und Naturliebhaber abgestimmt – und hat weder etwas mit Survival-Training noch mit esoterischem Bäume-Umarmen zu tun.

Latschenbad: Wellness der etwas anderen Art

Mittagessen mit Wald-Köstlichkeiten

Während wir gemeinsam mit Fritz weiter den Wald erforschen (und lernen, dass man den Zunderschwamm als Lederersatz verwenden kann; oder, dass die Hainbuche mit ihrem adrett gedrehten Stamm die Primaballerina des Waldes ist) steht eine Bäuerin am Herd und bereitet ein ganz besonderes Mittagessen für uns zu: Ein Waldmenü. Dafür verkocht sie etwa Kohldistelblätter, diverse Kräuter, Schnittlauch aus Tannennadeln, Pilze, Fische und Hirschfleisch. Die Kreationen schmecken nicht nur überraschend gut, sondern machen mit ihrer hohen Nährstoffdichte auch schnell und überaus gesund satt.

Schottische Hochlandrinder gibts auch im Almtal

Am Nachmittag steht „Latschenbaden" auf dem Programm. Klingt zwar nach Wellness, hat aber nicht das Geringste mit Wasser zu tun. Zunächst stapfen wir gemeinsam mit Waldness-Coach Sabina Haslinger vom idyllischen Almsee am Talende hinauf zu einem lichten Latschenfeld am Fuße einer Felswand. Die Aussicht auf den türkisblauen Almsee und die schroffe Bergwelt des Toten Gebirges ist grandios. Nun holt Sabina eine winzig klein zusammengelegte, quietschgelbe Stoffbahn aus dem Rucksack, hält sie in den Wind und beutelt kräftig. Schon verwandelt sich die schlaffe Hülle in ein luftgefülltes Ruhebett. „Das ist unser Laybag", erklärt sie. „Ich habe für jeden einen. Bitte macht es euch darauf bequem!" Wellness der anderen Art also – inmitten der entzündungshemmenden, desinfizierenden und schleimlösenden ätherischen Öle der Latschenkiefern.

Nach einer herrlichen Mußestunde mahnt Sabina zum Aufbruch. Der Abstieg liefert die nächste Premiere: Wir üben uns im Jodeln und Jucherzen. Unten wartet schon Magy Bernhard: Sie wird uns Wyda, eine Art europäisches Yoga, näherbringen. Dieses uralte Mental- und Körpertraining mit sehr sanften Bewegungen bringt Energie, Beweglichkeit und innere Zentriertheit (www.am-wydaweg.at). Schon die Druiden (geistige Elite der Kelten) holten daraus Kraft und Konzentration. Klingt vielversprechend!

Wyda, das europäische Yoga, wirkt im Wald doppelt gut

Warum hinfahren?

Natur pur und die Kraft des Waldes

Das oberösterreichische Almtal ist das östlichste Tal im Salzkammergut, es erstreckt sich vom wildromantischen Almsee zu Füßen des schroffen Toten Gebirges (im Süden) bis hin ins liebliche Alpenvorland bei Bad Wimsbach. Das 52 Kilometer lange Tal entlang des Almflusses ist authentisch und bodenständig geblieben, landschaftlich wunderschön und verfügt über ausgedehnte Waldgebiete (74,5 Prozent der Gemeindefläche). Bekannt ist die Konrad Lorenz Forschungsstelle der Universität Wien: Hier studierte der Zoologe und Verhaltensforscher Konrad Lorenz u.a. die Graugänse. Das Almtal setzt auf naturnahen, sanften (Wander)Tourismus und Genuss. Mit dem Programm Waldness® offeriert es ein weltweit einzigartiges und brandneues Natur- und Gesundheitsangebot mit Integration des Waldes und Rückbesinnung auf die natürlichen Heilkräfte der Natur (s. unten).

Bodenständiger Genuss – das Almtal schmecken

Die Initiative „Schmecktakuläres Almtal" ist eine Kooperation von 17 „beseelten" Betrieben (Wirtshäuser, Unterkünfte, Landwirte und Produzenten), die gemeinsam regionale Schmankerl und unverfälschte Lebensmittel erlebbar machen. Pauschalangebote bieten zur Übernachtung dazu Hofführungen, Verkostungen und Kochworkshops. Kulinarische Highlights sind das Almtaler Wild sowie Almtaler Hochlandrind (Amtmannhof), Weideschwein-Spezialitäten (Denkn Gut), Hirschspezialitäten (Hof Groß Höllnberg), Lammwürste (Roithhof), Räucherforellen (Wieselmühle) oder Getreide-Raritäten vom Urkornhof. http://schmecktakulaeres.almtal.at

Forellenhof Wieselmühle in Grünau im Almtal

Urlaub mit gutem Gewissen

CO2-neutraler Urlaub ist im Almtal kein leeres Schlagwort: jährlich werden in der Gemeinde Grünau 125.000 neue Bäume gepflanzt (das bedeutet nahezu für jede Nächtigung ein Baum). Mit mehr als 50 Kleinkraftwerken am Almfluss ist das Tal bereits jetzt energieautark, E-Mobilität wird forciert (direkt am Kraftwerk entstehen kostenlose Stromtankstellen) und die Bahn bringt Umweltbewusste sehr komfortabel bis Grünau. Mit Erreichen der Strategie 2025 soll das Almtal die erste CO2-neutrale Destination Europas sein!

It's new

Waldness – Wellness und „Doktor Wald"

Das Almtal ist ab 2018 die erste Waldness®-Destination Europas und bietet einen hochqualitativen Wald-Urlaub gemeinsam mit Experten an. Im Rahmen eines LEADER-Projektes (EU-Förderprogramm für die ländliche Wirtschaft) entwickelten Touristiker und Wald-Experten nach neuesten wissenschaftlichen Erkenntnissen ein Pauschalangebot mit klar definierten Qualitätskriterien. Waldness basiert derzeit auf sechs Säulen: 1. Waldpädagogik, 2. Waldbaden, 3. Waldschmecken, 4. Waldkneippen und Wyda, 5. Wald-Tierwelt sowie 6. Waldarium mit speziellen Ruheplätzen. Für die nahe Zukunft ist 7. Wald und CO2-neutraler Urlaub geplant.

Waldness®: Leistungen und Termine

Die Waldness®-Pauschale mit vier Übernachtungen (jeweils Sonntag bis Donnerstag) inklusive Frühstück gibt es in elf Waldness®-Partnerbetrieben (von Urlaub am Bauernhof bis zum 4*-Hotel). Inkludiert sind Waldspaziergänge, Wald-Wyda (europäisches Yoga), Waldschule, Waldbuffet, Tauwanderung, Sonnenaufgangsfrühstück im Baumhaus, Waldmassage, Bad in den Latschen, Jodeln, Gipfeltreffen, Waldkneippen und Waldjause – stets in Begleitung von Experten. Für 2018 werden zwölf Termine angeboten. Waldness ist ein Ganzjahres-Allwetterprodukt mit Durchführungsgarantie ab einer Person und wird auch im Winter angeboten! Preis: ab 453 Euro pro Person. www.waldness.info

Die andere Erlebniswelt

Das Scharnsteiner Öko-Vorzeigeunternehmen Grüne Erde (Pionier für natürliches Wohnen und gesunden Schlaf) eröffnet Ende September 2018 die „Andere Erlebniswelt": Diese vereint auf 9.000 Quadratmeter Firmenzentrale, Produktion, Besucherzentrum, Shop (Möbel und Naturkosmetik) sowie ein vegetarisch-biologisches Bistro. In richtungsweisender Öko-Bauweise und lichtdurchfluteter Holzarchitektur mit 13 bepflanzten Innenhöfen erlebt der Besucher eine Erlebniswelt voll Natur und Sinnlichkeit (erwartet werden 50.000 bis 70.000 Gäste pro Jahr). www.grueneerde.com

Schöner Wohnen

Am Berg: Hochberghaus Klausur- & Familienalm 3*

Abgeschiedenes Berghotel auf 1.200 Meter Höhe mitten im Ski- und Wandergebiet Kasberg; Familienparadies (Kinderausstattung, Spielzimmer, hauseigene Kindergärtnerin). Hotelier und Tourismusvisionär Hermann Hüttmayr ist gemeinsam mit Oberförster Fritz Wolf und Tourismusentwickler Andreas Pangerl Initiator des Waldness-Programms. www.hochberghaus.at

Romantikhotel Almtalhof 4* – Nostalgie und Flair

Der überaus stilvolle Gutshof aus dem Jahr 1911 (1975 großzügig umgebaut) kombiniert Tradition und Moderne mit detailverliebten Accessoires. Ausgezeichnete Haubenküche, Bar, Wellnessbereich. www.almtalhof.at

Der Almtalhof bietet ein preisgekröntes Gourmetrestaurant

Gut zu wissen

Aller Anfang ist schwer

Das komplexe und erlebnisreiche Angebot Waldness ist völlig neu(artig) – und entwickelt sich noch stetig weiter. Erste Erfahrungswerte für eine Optimierung lieferte „Waldness. Das Vorspiel" – eine Art Vorprogramm im Spätherbst 2017. Bei den Gruppenaktivitäten mit 15 bis 20 Teilnehmern müssen unterschiedliche sportliche Leistungsniveaus unter einen Hut gebracht werden. Fallweise ist also ein wenig Improvisation angesagt, die engagierten Waldness-Coaches finden aber immer Lösungen. Das Programm wird im Almtal laufend weiterentwickelt, so gibt es mittlerweile auch einen Waldness-Wirt (Gasthof Schobermühle in Scharnstein) und an einem Waldess-Spa (Wald-Therme) wird gearbeitet. Konkrete Gespräche mit einem großen österreichischen Thermenbetreiber laufen bereits.

Infos:

www.almtal.at, www.waldness.info

Balanceakt am Almfluss

Mit der Lizenz zum Erleben: Bond am Berg

Sölden im Ötztal war einer der Drehorte des Bond-Streifens Spectre. Der filmreife Tiroler Alpen-Hotspot bietet vielfältige Berg-Action. Im Auftrag Ihrer Majestät lockt „007 Elements" neuerdings zu weiteren spectrekulären – pardon spektakulären – cinematischen Abenteuern.

Bike-Trail am Gaislachkogl Sölden

Restaurant ice Q in 3.048 Meter Seehöhe

Die Szenerie könnte nicht abgehobener sein: Wir befinden uns im alpinen Hochgebirge auf 3.048 Meter Seehöhe, vor uns glänzen die Gletscherriesen der Ötztaler Alpen, Dohlen kreisen. Alpine Gefahrenzone mit elementaren Kräften normalerweise – doch hinter uns glitzert ein innovatives Architektur-Meisterwerk: Der puristische Stahl-Glas-Kubus des Bergrestaurants ice Q am Gaislachkogl in Sölden mit 900 Quadratmetern Spiegelglasfassade. Wir sitzen quasi zwischen den Elementen: zwischen ewigem Eis und vergänglicher Kunst. Der Kellner serviert Cremesuppe vom grünen Spargel: aus einer Teekanne gießt er die Brühe vorsichtig auf das knusprig gebackene Garnelenbällchen, das im Suppenteller auf die symbiotische Vereinigung wartet. Unweigerlich kommt uns James Bonds grasgrüner, proteolytischer Verdauungsenzymshake in den Sinn. Doch im Gegensatz zu 007s Gesundheitsgesöff landet unsere Suppe keineswegs in der Toilette!

Was Bond, James Bond, mit Sölden zu tun hat, ist schnell erklärt: Im aktuell letzten 007-Streifen „Spectre" (24. Bond-Film, 2015) verwandelt sich der futuristische Glaswürfel des ice Q in die Klinik Hoffler. Die Filmszene ist fantastisch: Im eleganten Sportjet schwebt Bond in kühnem Schwung auf den tief verschneiten Gaislachkogl zu, umrundet einmal den Gipfel (atemberaubendes Berg-Panorama rundum!) und stapft im Schnee auf den durchscheinenden Glaskubus zu, betritt ihn durch einen Betonschlund, schwebt eine Treppe hinauf und landet im vollverglasten Ordinationszimmer der hinreißend frisierten Léa Seydoux; sprich: Dr. Madeleine Swann. Sie kündigt einen Check der psychischen und physischen Bedürfnisse Bonds an – und entschuldigt sich sogleich: „Die Aussicht kann etwas ablenken!" Tut sie. Doch Bond hat andere Sorgen...

Der ice Q war im Bond-Film „Spectre" die Klinik Hoffler

Filmschauplatz Sölden

Der ice Q ist nicht die einzige Filmlocation Söldens, die im „Auftrag Ihrer Majestät" einen großen Auftritt hatte. Bei wilden Verfolgungsjagden sind in Spectre darüber hinaus die nicht minder spacige 3-S-Gondelbahn, die transluzente Folien-Bergstation über geschwungenen Stahlrippen, die schwindelerregende Ötztaler Gletscherstraße, ein düsterer Tunnel, die lange Talabfahrt Nr. 30 sowie buntes Skifahrervolk zu sehen. Spectre war bislang die größte Filmproduktion, die je in Österreich durchgeführt wurde – in den drei Drehorten Sölden, Obertilliach und Altaussee. Und der teuerste Bond-Streifen aller Zeiten!

In der brandneuen cinematischen Installation 007 Elements dreht sich alles um Bond

Allein in Deutschland sahen in den ersten zwei Wochen vier Millionen Zuseher den 007-Streifen, weltweit waren es Abermillionen. Das hat einen immensen Werbewert für das Ötztal. Schon lange vor den Dreharbeiten (Jänner und Februar 2015) war der Jubel groß, als Spectre-Regisseur und Oscar-Preisträger Sam Mendes bei einer Pressekonferenz in London vor laufenden TV-Kameras verkündete: „We are bringing Bond back to the Alps, back to the snow – to Sölden in Austria!"

007 Elements – spektakuläre Bergarchitektur

Er wäre nicht der umtriebige Talkaiser und Geschäftsführer der Bergbahnen Sölden, Jakob Falkner, wenn er die Strahlkraft der Drehorte nicht touristisch vermarkten würde. „Spectre ist mein goldener Schlüssel für neue Märkte wie China!", erklärte er – und startete zähe Verhandlungen mit der „Weltmarke Bond" – konkret: mit EON Productions (Filmproduzenten Barbara Broccoli und Michael Wilson), MGM (Metro-Goldwyn-Mayer) und der Vertriebsfirma Sony Pictures. Wie es sich für 007 gehört – und Teil der Gesamtstrategie ist: alles top secret!

Doch jetzt ist die Katze aus dem Sack: Am Gipfel des Gaislachkogls, hinter dem eingangs beschriebenen ice Q, entstand in extrem exponierter Lage, im Inneren des Berges im bautechnisch nahezu unmöglichen Permafrost-Bereich (gefrorener Boden, der bei zu viel Wärme labil wird) eine gewaltige High-Tech-Inszenierung: „007 Elements"; eine neuartige, innovative cinematische Erlebnis-

welt. Offiziell autorisiert und weltweit richtungsweisend! Falkner vollmundig: „Wir sind die einzigen auf der ganzen Welt, die das machen dürfen – und auch können!"
Allein die Architektur ist faszinierend: Der aufwändige Bau im Stile des „Brutalismus" – geradlinig, kantig, viel nackter Beton – übernimmt die 007-Formensprache. „Es ist eine Transmission der Bergwelt in die Bondwelt. Brutal a la James Bond", meint Architekt Johann Obermoser (er zeichnet übrigens auch für den ice Q und die Bergstation Gaislachkogl verantwortlich). „Nach dem Eisberg-Prinzip bis zu zehn Meter tief in den Berg gebaut!" Der Spezialist für Alpinbauten unter erschwerten Bedingungen realisierte ein System aus neun unterirdischen, bis zu sieben Meter hohen Räumen – wegen des Permafrost-Untergrunds mit Manschetten beweglich verbunden – und barrierefrei begehbar. Fensterfronten in auskragenden Teilen öffnen schwindelerregende Tiefblicke sowie Aussicht auf Gaislachbahn und Gletscherstraße. „Mir ist der Blickbezug sowohl zu den spektakulären Drehorten als auch in das beschauliche, ursprüngliche Venter-Tal als Ruhepol auf der anderen Seite des Berges wichtig. Ich möchte den Kontrast zeigen!"

Cinematische Installation: Bond für alle Sinne

Eröffnung ist am 12. Juli 2018, doch eine handverlesene Schar an Journalisten durfte bereits vorab staunen: 007 Elements, die cinematische Installation auf 1.300 Quadratmeter Fläche, ist weder Ausstellung noch Museum noch Kino, sondern ein interaktives, multi-sensorisches Bond-Erlebnis für alle Sinne, mit Emotionen, die unter die Haut gehen. Umgesetzt wurde das ästhetische Gesamtkunstwerk in Partnerschaft mit EON Productions, konkret von Neal Callow (James Bond Art Director – bei Casino Royale, Quantum of Solace, Skyfall und Spectre) sowie Tino Schaedler (Head of Design der Bond-Kreativagentur Optimist Inc.). Auch für die beiden ist die Installation ein absolutes Novum! Der spannende Content ist nicht nur Spectre und Sölden, sondern exemplarischen Kapiteln aller 24 Bond-Streifen gewidmet. Auch Filmszenen, die noch nie gezeigt wurden, sind Gegenstand. Im Eingangsbereich namens „Barrel of a Gun" (Gewehrlauf) jagen am Ende des abfallenden, kahlen, langen Betongangs Sequenzen mit höchst emotionalem Inhalt über die Wand, der intensive Raumklang lässt den Bauch mitvibrieren. Dramatischer Sound, choreographierte Lichteffekte, mehrdimensionale Spiegelungen, Szenen mit horrenden Stunts, brüllendes Flammeninferno und markerschütterndes Bösewicht-Gelächter geben dem Besucher in den ersten drei Räumen das Gefühl, selber Teil eines Films zu sein.
Ab dem vierten Raum wird er (inter)aktiv, Bond-Fans können sich nun stundenlang verlieren – mit Touch-Screens, Qs Labor, Zukunftsstudien, generierten Stunt-Sequenzen (wussten Sie, dass Action-Szenen aus vier Schichten bestehen?), Original-Filmexponaten und -Gadgets, Autotechnik und vielem mehr. Dem geborstenen Flugzeug (im Original!) aus der Verfolgungs-Schlüsselszene in Spectre gehört ein eigener Raum, Skizzen und Modelle veranschaulichen die komplexe Choreographie der Action und den extremen Aufwand hinter jeder einzelnen Szene. Eine App und Begleitbroschüre helfen bei der Zurechtfindung. Falkner jubiliert: „Es ist ein Highlight unter allen Sehenswürdigkeiten Österreichs. Ein Leuchtturmprojekt, ein absolutes Weltklasseprodukt!" Auch wir sind tief beeindruckt!

Warum hinfahren?

Skifahren in Sölden: Besser geht's nicht!

Sölden (1.340 - 3.340 m Seehöhe) steht für etliche Wintersport-Superlative in Österreich: Der bekannte Skiort mit 144 Pistenkilometern offeriert zwei Gletscherskigebiete mit Schneegarantie von Oktober bis Ende April (einzigartig in Österreich!), verfügt über den skitechnisch größten Höhenunterschied des Landes (2.000 Höhenmeter), über drei Dreitausender-Gipfel im Skigebiet (jeder mit einer „BIG 3"-Aussichtsplattform in Szene gesetzt), die leistungsstärkste Zubringer-Gondelbahn der Welt (Giggijochbahn, 4.500 Personen pro Stunde) und mit 400 Quadratmetern Pistenfläche pro Skifahrer ist Sölden ebenfalls Weltspitze! Alljährlich im Oktober macht der internationale Ski-Weltcup hier Station.

Sommer: Wandern, Radfahren

Im 67 Kilometer langen Ötztal (dem längsten Seitental der Ostalpen) bieten die höchsten Berge Tirols jede Menge Abwechslung und Abenteuer für alle Urlaubstypen. Im Sommer warten 300 Kilometer markierte Wanderwege – von Familien-Themenwegen über gemütliche Seilbahn-„Aufstiege" bis zu alpinen Hochgebirgstouren über 3.000 Meter. Das Mountainbike-Eldorado führt mit vorwiegend anspruchsvollen Touren bis an den Rand des ewigen Eises. Im Tal-Ende stellt das urige Bergsteigerdorf Vent (1.900 m) eine beschauliche Alternative zum Trubel dar. In diesem abgeschiedenen, ursprünglichen Ort findet jeden September das authentische Berg-Schauspiel „Friedl mit den leeren Taschen" statt (6. bis 15. September 2018, voraussichtlich auch 2019) statt: hier wird im unberührten Hochgebirge die Geschichte Tirols erwandert. www.vent.at, www.wandertheater-friedl.oetztal.com

Wandertheater „Friedl mit den leeren Taschen" im hochalpinen Venter-Tal

Und Action: AREA 47

Die AREA 47 am Eingang zum Ötztal ist Österreichs größter und ultimativer Outdoor-Playground für hartgesottene Abenteurer: Das innovative Konzept mit knapp 40 Action-Sportarten ist mehrfach ausgezeichnet, CNN reihte die AREA 47 unter die Top 5 Wasserparks der Welt. Highlights sind die Wasser-Funsportart Blobbing, eine einzigartige Cliff-Diving-Anlage, der höchste Hochseilgarten Österreichs und die Wakeboard-Anlage auf 19.000 Quadratmetern. Die AREA 47 setzt laufend neue Sporttrends. www.area47.at

Adrenalin pur im Outdoor-Playground AREA 47

It's new

James Bond erleben: 007 Elements

Der extrem lange und schneereiche Winter machte den Bauherren sehr zu schaffen – doch nun ist es endlich so weit: ab 12. Juli 2018 steht die neue cinematische Installation 007 Elements in exponierter Lage in 3.040 Meter Seehöhe Besuchern offen. Weltweit einzigartig und offiziell von EON Productions approbiert! Die neun Räume im Inneren des Berges tragen die Titel 1. Barrel of the Gun (Gewehrlauf), 2. Plaza, 3. Lobby, 4. Lair (Schlupfwinkel, Höhle), 5. Briefing Room (Einsatzraum), 6. Tech Lab, 7. Action Hall, 8. Screening Room (Vorstellungsraum) und 9. Legacy Gallery (Vermächtnis-Galerie). Die cinematische Installation ist auf Weiterentwicklung konzipiert: 2019, wenn der 25. Bond-Streifen erscheint, wird 007 Elements mit neuen Inhalten bereichert.
Qualität geht vor Masse: Der Zugang wird reguliert, die Besucher in Gruppen zu je 20 Personen. Geöffnet ist (nahezu) ganzjährig, an Spitzentagen sind Reservierungen empfehlenswert. Eintritt 22 Euro, die Berg- und Talfahrt mit der Seilbahn kostet zusätzlich 32 Euro (für Inhaber der Ötztal Premium Card, die es in 300 Beherbergungsbetrieben kostenlos zur Übernachtung dazu gibt, ist sie gratis). Achtung: 007 Elements-Besucher müssen sich extrem warm anziehen, die Räume im Permafrostboden sind nicht beheizt! www.007elements.com

Radsport: Bike Republik und Weltmeisterschaft

Die „Bike Republik Sölden" wurde (und wird) weiter ausgebaut – mit 100 Kilometern Lines und Trails, Flows und Kurvenfeeling, mehr Bergbahnen mit Bike-Transport sowie Radler-Hütten. Ziel ist, die gesamte Infrastruktur des Winters mit ihren Liftanlagen im Sommer für Biker nutzbar zu machen (www.bikerepublic.soelden.com). Der geplante Ausbau eines Radweges durch das ganze Tal (mit Anschluss an Südtirol) wurde in Angriff genommen. Die UCI Straßenrad Weltmeisterschaften kommen 2018 nach Innsbruck und Tirol, am 23. September ist das Ötztal Austragungsort (Mannschaftszeitfahren der Elite-Damen und -Herren), Start ist bei der AREA 47. www.innsbruck-tirol2018.com

Schöner Wohnen

Bond auf der Spur: Hotel Bergland Sölden 4* Superior

In der 212 Quadratmeter großen „Gipfel de luxe"-Suite logierte während der Dreharbeiten 2015 Daniel Craig (James Bond), in der vierten Etage die Filmcrew. Wie gut es allen gefiel, beweist ein Eintrag ins Gästebuch. Auch wir können das Bergland sehr empfehlen: Schönes Design-Wellnesshotel mit 1.700 Quadratmeter Spa in den obersten zwei Etagen, Indoor-Pool, Outdoor-Panorama-Whirlpool; hervorragende Küche, Sportgeschäft im Haus. www.bergland-soelden.at

Wasser und Wellness: Aqua Dome - Tirol Therme Längenfeld

Der Aqua Dome, die Tirol Therme Längenfeld & Hotel, ist mit 50.000 Quadratmetern Gesamtfläche das größte Thermen-Resort der Alpen: Auf 2.200 Quadratmetern gibt es wetterunabhängige Badeerlebnisse im Thermalwasser. Highlight sind die drei riesigen Thermal-Wasser-Schalen im Freien. Der exklusive SPA 3000 ist nur für Hotelgäste zugänglich. www.aqua-dome.at

Gut zu wissen

Die Tourismusmaschinerie

Das Ötztal zählt zu den tourismusintensivsten Regionen des Alpenraumes und verzeichnete zuletzt 4,2 Millionen Nächtigungen pro Jahr (2,9 Mio. im Winter, 1,3 Mio. im Sommer). Sölden ist damit hinter Wien (15 Mio.) die zweitgrößte Tourismusgemeinde Österreichs! So gut wie alle Einwohner arbeiten direkt oder indirekt in der Tourismuswirtschaft. Laut Umweltorganisation WWF hat das Skigebiet Sölden eine höchst bedenkliche Umweltbilanz und ist Spitzenreiter in der alpinen Landschaftsbelastung. Über die ökologische Sinnhaftigkeit eines Megaprojektes wie 007 Elements im sensiblen Permafrost-Bereich muss wohl nicht diskutiert werden.

Infos:

www.oetztal.com, www.007elements.com

Sky Spa im Hotel Bergland Sölden

Das Geheimnis der DomRep

Die Dominikanische Republik klingt für viele nach Jesolo in der Karibik. Falsch! Die Halbinsel Samaná ist eine unberührte Region voller Naturschönheiten, versteckter Strände, geheimnisvoller Inseln sowie tropischer Exotik und wird nun von den Reiseveranstaltern entdeckt.

„Barcadi-Insel" Cayo Levantado

„Hier ist 100 Prozent Natur", sagt Manolo in gebrochenem Deutsch. Der Naturfreund und Guide begleitet uns vom Hafen des Städtchens Samaná im Nordosten der „DomRep" in die einzigartige Inselwelt des Nationalparks Los Haitises. Unser Boot taucht in ein Labyrinth aus zahlreichen winzigen, üppig bewachsenen Kalksteininseln ein. „Mogotes" nennen die Einheimischen diese steilen Gupfe mit bizarr verwitterten Karstformationen. Aus jeder Ritze wuchert saftiges Grün. Dazwischen verstecken sich dichte Mangrovenwälder, tiefblaue Wasserkanäle, Korallenlandschaften und Tropfsteinhöhlen. Das Meer leuchtet in kräftigem Smaragdgrün und allen Türkis- und Blauschattierungen. Das Gebiet Los Haitises wurde schon in präkolumbischer Zeit von den Taínos, den indianischen Ureinwohnern der Karibikinsel, besiedelt, die Höhlen dienten einst Piraten als Unterschlupf.

Heute leben im Nationalpark keine Menschen mehr, sie wurden vor Jahren aus Naturschutzgründen abgesiedelt. Umso mehr zieht die unberührte Natur gefiederte Freunde an: „Es gibt 110 Vogelarten auf den 80 Inseln, sie nisten und brüten hier. Da drüben ist der Kindergarten, seht ihr?" Manolo zeigt auf eine kleine Insel mit einer Kolonie junger Pelikane. Wir sichten weiters Fregattvögel, Geier, Reiher, Möwen und Kormorane – sogar ohne Fernglas. „Wir haben auch Delfine. Wir haben Seekühe. Wir haben Rochen…" – Manolo ist bei seiner Aufzählung aller wunderbaren Spezies, die hier vorkommen, nicht zu bremsen. „… und wir haben sogar Wale!"

Vor der Samaná-Halbinsel tummeln sich große Herden von Buckelwalen: Etwa 3.000 ihrer Art kommen jedes Jahr, um sich hier zu paaren und ihre Jungtiere aufzuziehen. „Ein Spektakel sondergleichen", versichert Manolo. Wir müssen es ihm glauben, denn wir sind leider zur falschen Jahreszeit da: Wal-Zeit ist nur von Mitte Jänner bis Ende März.

Buckelwal vor Samaná

Höhlen-Malereien und Wasserfall-Wanderung

Naturspektakel der ganz anderen Art – und zwar ganzjährig – bietet die so genannte „reserva forestal" (Waldreserve), ein 200 Quadratkilometer großer, seit 1976 besonders streng geschützter Teil des insgesamt 1.500 Quadratkilometer großen Nationalparks. Darum ist hier vieles „100 Prozent verboten", wie Manolo betont. Es ist auch nicht erlaubt, die Höhlenmalereien der Taínos mit Blitz zu fotografieren. „Wir wollen, dass sie noch länger erhalten bleiben", meint er. Rund 60 Zeichnungen in braun-roter Farbe zeigen tanzende Figuren, Tiere und Götter an den Höhlenwänden. Leider gesellen sich auch zahlreiche Kritzeleien jüngeren Datums dazu.

Natur pur erlebt der Samaná-Urlauber auch außerhalb des Nationalparks Los Haitises – etwa beim Wasserfall El Salto del Limón nordwestlich der Stadt Samaná, der sich gut im üppig-grünen Tropendickicht versteckt. Der Weg hin ist nicht ganz einfach: Er führt durch den Dschungel, entlang eines Baches, vorbei an mehreren kleineren Wasserfällen – stets über steinigen und sehr matschigen Grund. Doch schon nach gut einer halben Stunde ist das Rauschen der Kaskaden zu hören. Noch ein Stück weiter hinauf und dann viele Stufen nach unten – und hier ist der „Salto": Über 50 Meter stürzen die Wassermassen des höchsten Wasserfalls der Insel über eine Felswand hinunter in ein natürliches Becken. Viele Besucher nehmen ein erfrischendes Bad im leuchtend türkisen Nass, besonders Mutige springen von den Klippen.

Karibikflair und Bacardi Feeling

Mittlerweile haben wir uns an die Gebräuche unserer Feriendestination angepasst und nehmen nach gängiger Landessitte ab und zu einen Schluck Rum – mit oder ohne Cola – zu uns. Er wird vielerorts und in hervorragender Qualität in der DomRep produziert. Karibische Musik unterstützt den Entspannungsmodus auf dem Boot, mit dem wir zur Insel Cayo Levantado tuckern. Das Mini-Eiland wird auch Bacardi-Insel genannt, denn angeblich wurde in dieser Traumkulisse der berühmte Karibikrum-Werbespot gedreht. Fakt ist, dass Cayo Levantado nur per Boot erreichbar ist und nur über ein einziges Hotel verfügt: das Luxury Bahia Principe Cayo Levantado. Einmal dort, begeistert der weiße, feine, mit Palmen gesäumte Sandstrand vor türkis-blauem Meer. Sonnenliegen stehen parat und Souvenirstände, Bars und Restaurants sorgen für Unterhaltung und kulinarische Verpflegung

Unberührte Traumstrände im Naturparadies

Die Provinz Samaná ist ruhiger, ursprünglicher und ländlicher als die bekannten DomRep-Tourismushochburgen Punta Cana (im Osten) und Puerto Plata (im Norden). Authentische Restaurants, kleinere Hotels sowie internationale Resorts entlang der palmengesäumten weißen Sandstrände bieten die perfekte Grundlage für einen entspannten Karibik-Badeurlaub. Lange Strände mit ruhigem Wasser finden Badenixen z. B. in Las Galeras oder Playa las Terrenas. Auch die Bucht von Rincón ist noch wenig erschlossen: Weißer Sand, Kokospalmen, Mandelbäume und Klippen machen ihn besonders spektakulär. Playa Cosón wiederum eig-

Der Strand von Rincón zählt zu den schönsten der DomRep

net sich für jeglichen Wassersport und ist bei Surf- und Kitesurf-Fans besonders beliebt. Herrliche Tauch- und Schnorchelreviere gibt's allerorts.

Bunter Alltag und lebendige Märkte

Eine Rundfahrt über die Halbinsel von Samaná bietet wunderbare, exotische Karibik-Eindrücke: Kleine Dörfer, bunt bemalte Häuser (mitunter recht schäbig), Essensstände, Schulen, farbenfrohe Geschäfte – alles ist von der Straße aus zu sehen. Vor den Häuschen sitzen die Bewohner und beobachten das Geschehen, Kinder spielen, toben und lachen. Ganz besonders brodelt das Leben am lokalen Markt in Santa Barbara: Hier verkaufen die Bauern und Fischer die Produkte der Natur und ihrer Arbeit. Nicht nur Lebensmittel, Kaffee und Gewürze finden hier Abnehmer – rundum in den kleinen Shops und Werkstätten bekommt man fast alles, auch Kleidung und Uhren.

Typisches dominikanisches Haus

In den Kochtöpfen der DomRep landen typischerweise Reis mit Bohnen, Hühnerfleisch, Fisch, Maniok, Süßkartoffeln und Kochbananen. Frisches Obst wie Mangos oder Ananas darf auch nicht fehlen. Sehr gerne wird auch ein „Coco loco" („verrückte Kokosnuss") getrunken: frische Kokosmilch mit Eiswürfel und Grenadine. Für das „loco" sorgt ein Schuss Rum. Als nahezu heilkräftig wird Mamajuana, ein alkoholisches Getränk aus Kräutern und Wurzeln mit Rotwein, Rum und Honig, angepriesen. Es wirkt gegen oder für fast alles: Kopfschmerzen, Übelkeit, mehr Abwehrkräfte und Potenz.

Plantagenkultur und handgerollte Zigarren

Der Besuch einer Plantage offenbart noch mehr Spezialitäten der Insel: In der Plantage Rancho Español lässt uns Guide Pedro an Zimt und Vanille riechen und demonstriert, wie nach Landessitte heiße Schokolade hergestellt wird. „Eine Prise Salz und Zimt machen das Getränk erst so richtig schmackhaft", verrät er. Die Plantage bietet auch die Gelegenheit, regionale Produkte einzukaufen – und zwar mit gutem Gewissen: Der Erlös für Zimt, Kaffee und Kokosöl (das übriges nicht nur in der Küche, sondern auch auf der Haut gut ist) geht direkt an die lokale Bevölkerung.
Raucher finden eine schöne Shopping-Möglichkeit in der Zigarrenfabrik Las Ballenas. Insgesamt werden 350 Millionen Zigarren pro Jahr in der DomRep hergestellt, 100 bis 250 Stück werden pro Tag in Rancho Español händisch gerollt. „Der Tabak der Dominikanischen Republik zählt zu den besten der Welt: Er hat mehr Geschmack und Aroma, ist aber weniger stark als der kubanische", erklärt Pedro. Wer möchte, darf die verschiedenen Rauchwaren auch verkosten. Es warten sogar Zigarren mit Geschmack: Darf es Kirsche, Mango, Schoko oder Cognac sein? Samaná bietet einfach mehr – und trifft sehr viele Geschmacksrichtungen.

Den Wasserfall Salto del Limón erreicht man nur zu Fuß oder hoch zu Ross

Warum hinfahren?

Die jüngste Tourismusdestination der DomRep

Die Dominikanische Republik boomt, große Reiseveranstalter verzeichneten 2017 Zuwächse von bis zu 30 Prozent (z. B. TUI). Die Halbinsel Samaná im Nordosten der Karibikinsel ist (noch) weit ruhiger und weniger touristisch als die bekannten Tourismushochburgen – und jetzt verstärkt in den deutschsprachigen Reisekatalogen zu finden: REWE Austria Touristik (Jahn Reisen, ITS Billa) und DER-Touristik (Dertour, Meier's Weltreisen) nahmen im Winter 2017/18 erstmals in Österreich die Region Samaná ins Programm auf und bieten seitdem exklusiv Vollcharter-Flüge (über Frankfurt). Allzu lange wird die Ruhe nicht mehr anhalten.

Natur pur ohne Massentourismus

Die Region Samaná bietet phantastische, ruhige Palmenstrände sowie vielfältige Naturerlebnisse. Ein einzigartiges Naturjuwel ist der Nationalpark Los Haitises: Laut Lonely Planet zählt er aktuell zu den Top-Ten Reisezielen. Die Besucherzahlen in Samaná steigen und mehrere große Hotelprojekte sind in Planung. Also schnell hin, bevor die Touristenhorden kommen!

Eine der vielen Grotten im Nationalpark Los Haitises

It's new

Schnelle, einfache Flugverbindung

Die Region Samaná ist seit der Wintersaison 2017/18 per wöchentlichem Direktflug (Condor, jeden Samstag) ab Frankfurt erreichbar (Zubringerflüge gibt's aus ganz Österreich). Der Vollcharter-Flug ist bei REWE Austria Touristik (ITS Billa Reisen, Jahn Reisen) sowie DER-Touristik (Dertour, Meier's Weltreisen) buchbar.

Golfen unter Palmen

Bei Golfern heiß begehrt: Die Dominikanische Republik wurde bereits drei Mal von der International Association of Golf Tour Operators zur besten Golf-Destination der Karibik und Lateinamerikas gekürt. Brandneu ist der Golfclub La Romana mit einem 18-Loch-Platz in traumhafter Vegetation (als Teil der Ferienanlage Playa Nueva Romana - www.playanuevaromana.com/golf). 2018 brachte auch eine Golfsport-Premiere: Im März wurde zum ersten Mal ein Turnier des legendären Golf-Events PGA Tour in der DomRep ausgetragen.

Der Nationalpark Los Haitises besteht aus einem Labyrinth üppig bewachsener Kalksteininseln

Schick und abenteuerlich

Das neue Boutique-Hotel Carmen in Holzbauweise in Jarabacoa ist das erste der Provinz La Vega: Nahe des Flusses Yaque del Norte bietet es zahlreiche Angebote für Aktiv- und Adventure-Urlauber im Landesinneren. www.hotelcarmen.do

Strand der Samaná-Bucht

Schöner wohnen

Bilderbuchstrand: COOEE at Grand Paradise Samaná

Das Vier-Sterne-Plus-Hotel COOEE at Grand Paradise Samaná nahe des Fischerortes Galeras auf der Samaná Halbinsel gefällt mit seinem ruhigen Strand, der weitläufigen Grünanlage und erschwinglichen All-inclusive-Preisen. Mehrere Restaurants, Bars und Pools werden mit dem Nachbarhotel geteilt. www.cooee-hotel.com, www.billareisen.at

Gut zu wissen

Reisezeit, Sicherheit, Verkehr

Die DomRep ist eine Ganzjahres-Destination, beste Reisezeit ist allerdings von November bis April. Die Sicherheitslage allgemein ist gut, allerdings kommt es des Öfteren zu Überfällen auf Touristen. Speziell bei individuellen Touren außerhalb der Tourismuszonen sowie nachts ist Vorsicht geboten. Es wird empfohlen, keine größeren Geldbeträge oder teuren Schmuck mitzunehmen sowie Pässe im Hotelsafe zu lassen und Pass-Kopien mitzuführen. Der Straßenverkehr ist wegen desolater Straßenbeläge und mangelnder Fahrdisziplin der Einheimischen sehr gewöhnungsbedürftig. Vor Selberfahren raten wir ab! Bis vor Kurzem mussten bei der Einreise 10 US-Dollar für eine Touristenkarte bezahlt werden, seit April 2018 ist diese Gebühr bereits in den Flug- und Schiffspreisen inkludiert.

Infos:

www.godominicanrepublic.com/de, www.gosamana.com/en
Öko- und Nationalparktouren: www.motomarinatours-excursionsamana.com, www.exploradominicana.com

Nachreisen leicht gemacht - Angebotsbeispiel:

„Naturerlebnis Nordküste": 5-tägige Privatreise (mit Transfers, Boot, Fahrrad) ab/bis Samaná – inkl. vier Übernachtungen im Doppelzimmer mit Frühstück und einmal Mittagessen, Reiseverlauf laut Programm
Preis pro Person (ohne Fluganreise) ab 929 Euro.
Gesehen im DERTOUR-Katalog „Karibik"; tagesaktuelle Flugpreise und Buchung in jedem guten Reisebüro oder auf www.dertour.at

Kulinarik, Kunst und Kimono

Tokio, das ist ein Gigant der Träume, ein Karrierist unter den Hauptstädten, eine Metropole voller Klischees und Widersprüche. Vor allem: Tokio ist riesig und garantiert mannigfaltige Überraschungen. Auch kulinarischer Natur.

Tokio ist mit aktuell 37,75 Millionen Einwohnern die größte Stadt der Welt

„Es war einmal das kleine Fischerdorf Edo, das sich seit dem Jahr 1603 langsam aber stetig mauserte. Es wuchs und wuchs, überflügelte sogar die alte Kaiserstadt Kyoto und entwickelte sich zur Kapitale. Heute ist die Stadt so groß, dass sie keiner mehr überblickt: Tokio, fast zehn Millionen Einwohner! Schon erlebt der Besucher die erste Überraschung: Das Zurechtfinden funktioniert trotzdem. Der Verkehr ist dicht, aber er fließt. Alles ist zusätzlich auf Englisch angeschrieben. Die U-Bahn ist mit ihrem umfangreichen Netz sogar für westliche Langnasen verständlich konzipiert, gibt mit ihrer Linienführung einen guten Überblick über die Stadt und ist sehr sicher und sehr sauber. Womit wir beim zweiten Aha-Effekt sind: Tokio ist – wie Japan generell – eine sehr propere und einladende Reisedestination. „Konnichiwa!", wie die Japanerinnen und Japaner grüßen.

Hakone Romance Express-Zug

Viel zu sehen

Wer nach Tokio kommt, sollte bereits vorher einen Plan haben. Denn die Stadt ist einfach zu vielfältig. Lieber Tempel oder eher Wolkenkratzer von Stararchitekten? Lieber Museen oder hippe, trendige Stadtviertel mit psychedelischem Flair und High-Tech-Wahnsinn? Zum Schnuppern werden Stadtspaziergänge angeboten, nach Themen geordnet. Sehr praktisch! Wir probieren es mit dem Viertel Ueno. Hier geht's um Architektur. Allerdings nicht um die klassische japanische, sondern um die der modernen Stars. Die kommen meist aus dem Westen: Rund um den Ueno-Park haben sich die großen Meister von Josiah Conder bis Le Corbusier verewigt. So stapfen wir mit dem Plan in der Hand vom Japan Railway-Bahnhof Ueno zum Nationalmuseum für westliche Kunst, zur Internationalen Bibliothek für Kinderliteratur; entlang dem Shinobazuno-ike-Teich weiter bis zum Kyu-Iwasaki-Tei-Garten. Allesamt, so steht es im Folder, Meisterwerke der Architektur. Wirklich grandios!

Viel zu herzig: „Kawaii"-Viertel Shibuya

Mit der Metro fahren wir weiter ins Viertel Shibuya, steigen in Harajuku aus und halten die Luft an. „Kawaii!" Das ist der „Schlachtruf" der japanischen Girlies und bedeutet „niedlich". Das ist weit mehr als nur eine Mode, eher gelebter Comicstrip. Hier regieren Hello Kitty, rosa Plüsch, Pferdeschwanz und falscher Pelzbesatz. Ultrakurze Miniröcke wippen über Ringelstrümpfen und Plateauschuhen, Glitzer und Plastik blitzen. Junge Frauen, gestylt irgendwo zwischen Manga und zehnjähriger Internatsschülerin. Höchst eigenartig für uns Europäer. Also ab ins nächste Restaurant – na, sowas, Wolfgang Puck ist auch schon hier! Zumindest in zwei Restaurants regiert der erfolgreiche Exilösterreicher.

Letzter Schrei in Tokio: „Niedlich-Look"

Tradition und viel zu kosten

Der Senso-ji Tempel ist der älteste Tokios

Wo bitte gibt's die japanische Tradition? Die ist am besten in Asakusa zu finden, im Schatten des Tempels Senso-ji. Oder in Ya-ne-sen mit seinen schönen Häusern aus dunklem Holz. Doch – schon wieder eine Überraschung – auch im Shopping-Hotspot des Ginza Distrikts: Unter dem Dach der Einkaufsmall Coredo Muromachi lässt sich ein Blick auf die alte, kulinarische Kultur des Landes erhaschen. Bei Hinben etwa wird bereits seit 1699 Katsuobushi hergestellt. Katsuobushi ist getrockneter, fermentierter und manchmal auch leicht geräucherter Bonito. Nach sechs Monaten Reifung sind die Fischstücke steinhart und fertig für den Gebrauch. Aus den abgehobelten Flocken wird Dashi gemacht, eine klare Suppe und Grundbrühe für die japanische Küche. Die länglichen, schweren Katsuobushi-Stücke sind auch ein beliebtes Geschenk für Brautpaare.

Die zweite Zutat für die perfekte Suppe findet man ebenfalls hier, und zwar bei Okui Kaisedo. Seit rund 140 Jahren hat man sich hier auf Kombu (Seetang) spezialisiert. Der kommt aus den sibirischen, mineralreichen Wassern vor der Insel Hokkaido, wird ebenfalls getrocknet und fermentiert und dann, je nach Gusto, auch mit Ingwer, Wasabi oder Yuzu (der japanischen Zitrone) versetzt.

Im ersten Stock von Coredo Muromachi hat im neuen Stil „Hachidai Millennium Kojiya" eröffnet. Hier lässt sich erfahren, wie Reis getrocknet, mit Koji-Sporen versetzt und fermentiert wird. Daraus entsteht in weiterer Folge feinster Sake, der süße Mirin (ebenfalls Reiswein)

Japanerinnen und Japaner sind große Suppenfreunde

oder auch Sojasauce. Die allerbeste Qualität kommt aus Niigata, dem sogenannten Schneeland im Nordwesten. Wer mit dem Gaumen reist, lernt hier also den gesamten Archipel kulinarisch kennen.

Viel zu schön: Hakone und Kaiserstadt Kyoto

Wir aber wollen noch mehr vom tatsächlichen Japan erleben. Tokio bietet sich ideal als Drehscheibe für Besichtigungen an. Hakone (knapp 100 Kilometer südwestlich) ist ein beliebtes Ausflugziel. Am stilvollsten gelingt die Anreise mit dem nostalgischen Panorama-Bummelzug „Odakyu Limited Express Romancecar", der vom Tokioter Bahnhof Shinjuku verkehrt. Hakone ist für seine Thermalbäder namens Onsen und den Blick auf den Fuji bekannt. Rund ein Dutzend heiße Thermalwasserquellen und berühmte Ryokans (wie die traditionellen Gästehäuser Japans heißen) sind hier zu finden. Es empfiehlt sich daher, über Nacht zu bleiben. Japanerinnen und Japaner sind Badeweltmeister. Sie lieben es, im warmen – am besten mineralreichen – Wasser zu relaxen. Dabei sind Männlein und Weiblein strikt getrennt. Und vor dem Baden wird sorgfältig gewaschen, Haut und Haar. Dafür ist alles vorhanden, von Duschgel bis Haarbalsam und Fön. Und wichtig: Tätowierungen sind im Onsen verboten, die erinnern an die Yakuza, die japanische Mafia. Und schließlich soll man hier ja entspannen.

Der Fuji und die Chureito Friedens-Pagode in Hakone

Herrlich entspannend: Der Yuryo Onsen in Hakone

Wer kaiserliche Kultur und Lebensart kennenlernen möchte, muss nach Kyoto. Die alte Kaiserstadt liegt 450 Kilometer westlich der Metropole und zeigt die Essenz der Traditionen des Inselstaats. Hier wurde bewusst auf Hochhäuser verzichtet. Die bestens konservierte Altstadt bietet sich für ausgedehnte Bummel zwischen den schmalen Häusern mit ihren Tofu-Restaurants (Tofu ist Spezialität Kyotos) und Patisserien mit farbenfrohen Mochis (kleine Reiskuchen, die fast zu hübsch sind, um gegessen zu werden) an. Großartig sind auch die Tempel: der Sanj sangen-d als längster Holzbau Japans mit 1.001 lebensgroßen, geschnitzten Buddha-Statuen, der Otowasan Kiyomizudera mit grandioser Aussicht sowie der Kinkaku-ji, der goldene Alterssitz eines Shoguns (Militär-Adel) inmitten einer idyllischen Gartenanlage. Wer sich gerne an die Atmosphäre der alten Kaiserstadt anpassen möchte, dem raten wir etwas ganz Spezielles: Gewanden Sie sich mit einem Kimono! „Es sind beileibe nicht nur Ausländer, die sich das traditionelle Kleidungsstück ausleihen", sagt Samar vom Kimono-Verleih Yumeyakata (www.en-kyoto.yumeyakata.com). Die aufwendige Prozedur des richtigen Einwickelns, das Anordnen der langen Ärmel und das Binden des Obi, des mehrfach um die Taille geschlungenen Gürtels, brauchen Zeit und Können. Damit sind auch viele moderne Japanerinnen überfordert. Bei Samar lässt sich das für knapp 30 Euro pro Tag ganz einfach zelebrieren. Dazu kommen noch ein paar Yen für das perfekte Make-up und die passende Frisur. „Kyoto ist eine alte, noble Dame: Stil und guter Ton werden hier großgeschrieben," erklärt Samar. Solcherart verwandelt stolziert dann die westliche Touristin durch Kyoto – zum Beispiel zum Inari-Schrein, einer der wichtigsten Shinto-Tempel Japans, oder den spektakulären Pilgerweg bergauf durch rund 5000 Toriis (wertvolle Holztore). Und schon versteht sie das so geheimnisvolle Reiseland Japan ein bisschen besser.

Warum hinfahren?

Tokio, die Stadt der Feinschmecker

Hier werden Reispfannkuchen gebacken

Tokio ist Spitze – auf jeden Fall, wenn es um die Spitzengastronomie geht. Keine andere Metropole weltweit weist mehr Michelin-Sterne auf als die japanische Hauptstadt. Der größte aller Gourmet-Guides hat insgesamt 234 Restaurants der Stadt ausgezeichnet, 166 davon mit einem Stern, zwölf gar mit drei Sternen, der Höchstnote. In Tokio sind auch die Stars aus Übersee präsent: So ist der Pariser Joël Robuchon (Koch des Jahrhunderts) in einem Schlösschen im (eh klar!) französischen Stil des 18. Jahrhunderts am Yebisu Garden Place zu finden. Rekordhalter jedoch ist Sushi-Meister Jiro Ono als ältester Drei-Sterne-Koch der Welt. Sein Restaurant Sukiyabashi liegt in einer U-Bahn-Unterführung im Stadtteil Ginza.

Ideal für Ausflüge

Japan ist eine eigene Welt für sich mit faszinierenden Kontrasten, Tradition und Moderne gehen Hand in Hand. Tokio alleine ist schon mehrere Reisen wert. Wer jedoch weitere Aspekte der japanischen Kultur und Lebensart kennenlernen möchte, setzt sich am besten in den Zug und erreicht von der Hauptstadt aus alle wichtigen Reiseziele Nippons. Seit Mai 2018 ist Tokio dank Austrian-Nonstop-Flug nun besonders einfach und schnell erreichbar (s. unten).

It's new

Schneller da: neuer Austrian Airlines-Flug

Der neue, tägliche Austrian Airlines Nonstop-Flug Wien – Tokio/Narita verkürzt die Anreisezeit beträchtlich (elf Stunden Flugzeit, ab 588 Euro). Vom Flughafen Narita aus gelangen Reisende am günstigen und rasch mit dem Schnellzug Narita Express zur Tokyo Station im Zentrum. www.austrian.com

Neue Kunst: Kleine Tupfen im Museum

Ein Museumsbesuch ist angesagt: Ende 2017 eröffnete die Avantgarde-Künstlerin Yayoi Kusama ihr eigenes Museum in Tokyo: Markenzeichen der 88-jährigen Japanerin sind die „Polka Dots" – also viele Tupfen. Das spektakuläre Museumsgebäude beherbergt neben

Zeichnungen auch interaktive Werke der Künstlerin. Wegen des großen Publikumsandrangs wird empfohlen, das Ticket im Voraus online zu besorgen. www.yayoikusamamuseum.jpin

Spektakuläre Architektur: Yayoi Kusama Museum

Hello Kitty am Bahnhof

Die Bahngesellschaft Keio gestaltete den Tama-Center Bahnhof im Osten Tokios neu – mit einigen der bekanntesten Figuren der Design-Firma Sanrio: Hier wartet u.a. Hello Kitty als Ehren-Bahnhofsvorsteher. Wer sich für die gezeichneten Helden und die „Kawaii"-Kultur Japans begeistert, ist in diesem wahrscheinlich herzigsten Bahnhof Tokios genau richtig.

Roboter machen das Bett

Das Hen Na Hotel Tokyo Nishikasai ist das erste Hotel, das komplett von Robotern geführt wird. Nach dem Roboter-Empfang an der Rezeption, findet der Gast auch jede Menge technische Spielereien in den Zimmern. Ist das die Zukunft der Hotellerie? www.h-n-h.jp/nishikasai

Schöner wohnen

Kabinen zum Schlafen: Hotel First Cabin

Die Kabinen im First Cabin sehen ein wenig wie Luxus-Schlafwagenabteile aus, statt geräumig sind sie günstig. Eine amüsante Erfahrung – und sehr authentisch. Derzeit gibt es sechs First Cabin-Hotels in ganz Japan. www.first-cabin.jp/en

Tradition in der Stadt: Hotel Hoshinoya Tokyo

Eine ruhige Zen-Oase mitten im Trubel Tokios ist das Hoshinoya Tokyo Hotel im klassischen Ryokan-Stil: schlicht, sehr edel und mit exzellentem Service. Sehr begehrt – rechtzeitig buchen! www.hoshinoya.com/tokyo/en

Der Ryokan-Stil im Hotel Hoshinoya Tokyo vermittelt Ruhe

Gut zu wissen

Bahn-Pass und Preise

Japan und speziell Tokio waren bis vor rund 15 Jahren nahezu unerschwinglich teure Reiseziele – das ist mittlerweile anders: Die Preise sind für Europäer durchaus leistbar. Gute Hotellerie kostet immer noch, die Raten sind aber nicht mehr abenteuerlich. Tokio selber ist auch nicht teurer als Paris. Spartipp: Der Japan Rail Pass ermöglicht, ganz Japan auf sehr günstige Weise per Bahn zu bereisen (es gibt ihn nur für ausländische Gäste). Inkludiert sind (fast) alle Bahnstrecken, vom Bummelzug bis zum superschnellen Shinkansen (für 7, 14 oder 21 Tage; ab ca. 214 Euro). www.japanrailpass.net/de

Rund um die Kirschblüte

Zur Zeit der für Japanerinnen und Japaner so wichtigen Kirschblüte (meist Mitte März bis Ende April) ist das Land völlig überteuert, alle Hotels sind ausgebucht. Besser knapp vorher oder nachher reisen: Da sich die Blüten nicht exakt an den Kalender oder ihre geografische Lage in verschiedenen Seehöhen halten, kommt man oft dennoch in den Genuss der blühenden Pracht.

Infos:

www.gotokyo.org/de, www.jnto.de

Nachreisen leicht gemacht – Angebotsbeispiel:

„Impressionen Japans“: 9-tägige Busreise ab Tokyo bis Kyoto – inkl. acht Übernachtungen im Doppelzimmer mit Frühstück, Reiseverlauf laut Programm.
Preis pro Person (ohne Fluganreise) ab 1.799 Euro.
Gesehen im DERTOUR-Katalog „Asien“; tagesaktuelle Flugpreise und Buchung in jedem guten Reisebüro oder auf www.dertour.at

Japanerinnen und Japaner lieben Picknicks unter Kirschblüten

Sandspiele und Wildparks für Erwachsene

Sand knirscht zwischen den Zähnen. Sand klebt überall. In der unendlichen Weite der Küstenwüste Namibias geht der uralte Traum in Erfüllung: Der Mensch lernt fliegen. Und erlebt die Wildnis hautnah und intensiv.

Goldene Sanddünen im Namib-Naukluft Nationalpark

„Es ist eine der extremsten Landschaften der Welt!" Walter Schrempf steht auf dem Grat der Düne und sinniert in die schier unendliche Weite, die goldgelben Sandhalbmonde rollen bis an den Horizont. Auf der anderen Seite tobt der Atlantik heran. „Die Namib ist die älteste Wüste der Welt, absolut lebensfeindlich! In 2.000 Kilometer Länge und bis zu 160 Kilometer breit gibt es hier nichts als Sand. Und Wind."

Sanddünen sind ein perfektes Revier für Paragleiter

Ausgerechnet hier, zwischen der Namib und der Atlantikküste Namibias mit dem uncharmanten Namen „Skelett-Küste" (die nicht einmal die portugiesischen Seefahrer betreten wollten, weil sie ihnen allzu unwirtlich erschien) soll ich meine Paragleit-Karriere beginnen. Fluglehrer Walters weitere Ausführung – allerdings an die Könner unter den Gleitschirm-Kollegen gerichtet – sind wenig tröstlich: „Wer hier über die Dünenkante hinausfliegt, ist weg; vergraben im Sand der Lee-Seite!"

Kurz zweifle ich an meinem Verstand, stapfe kleinlaut von der 100 Meter hohen Sanddüne (die hier zu den kleinen gehört, die großen sind bis zu 400 Meter hoch!) hinunter und folge Walters Aufforderung: „Komm Claudia, gehen wir spielen." Das „Spiel" findet aber nur der Paragleit-Profi, der im Steirischen Gröbming eine Flugschule betreibt, lustig: Ich bekomme einen Übungs-Schirm ausgehändigt, Gurtzeug, Handschuhe, jede Menge Leinen – und soll versuchen, das Ding am Boden zu beherrschen. Sprich: Aufziehen, stoppen, stabilisieren, umdrehen, Schirm wenden, Sand ausbeuteln. Was beim Könner wie harmloses Drachensteigen mit einem riesigen Lenkdrachen aussieht, artet bei mir zu einem Kampf mit den Elementen aus. Der Übungs-Schirm macht mit mir, was er will: zerrt ungestüm an mir, reißt mich um und schleift mich am Bauch durch den Sand. Am Abend bin ich knapp vor dem Verzweifeln.

Aller Anfang ist schwer: Gleitschirm-Leinen sortieren

Deutsche Gemütlichkeit

Als Trost folgt ein absurdes Kontrastprogramm: Die Küstenstadt Swakopmund. Inmitten der endlosen, lebensfeindlichen Wildnis der Skeleton-Coast empfängt uns ein Hort deutscher Gemütlichkeit; ja nahezu deutscher Spießigkeit. Nicht zu Unrecht wird die viertgrößte Stadt Namibias auch als südlichstes Nordseebad der Welt bezeichnet: Fachwerkhäuser, wilhelminische Kolonialbauten, Jugendstil, Reetdächer, Bierstuben, die Bismarck-Straße und der Jörg Henrichsen-Park sind Zeugen der deutschen Kolonialzeit (1884 bis 1915, Deutsch-Südwestafrika). Der Widerspruch könnte krasser nicht sein: Farbige Kellner servieren Eisbein mit Sauerkraut, man spricht deutsch und futtert wie bei Muttern. Lokaltypisch sind weiters fangfrisches Meeresgetier bester Qualität und Steaks vom Springbock, Oryx oder Zebra. Es ist erstaunlich: Mitten im tiefsten Afrika wird große Küche zu extrem günstigen Preisen zelebriert.

Swakopmund hat zwei Gesichter: Wenn die Sonne scheint, der wellenumtoste Sandstrand oder die 262 Meter lange Jetty (Landungsbrücke) im goldenen Abendlicht leuchten, zeigt die Stadt ihr strahlendes Antlitz. Der Atlantik kann aber auch blitzschnell eine riesige Nebelbank heranschieben – dann ist's wie bei uns im November.

Swakopmund ist erstaunlich deutsch

Der Wind und ich

Die nächsten Tage gehören der Düne, dem Wind und meinem Gleitschirm. In den Übungspausen beobachte ich neidisch die Könner, die sich vom Hangaufwind in die Höhe tragen lassen und unendlich weit der Dünenkante entlang fliegen. Soaring nennt das der Fachmann – die ganz hohe Schule des Paragleitens. Nirgendwo sonst auf der Welt gibt es einen so idealen Spielplatz für Paragleit-Cracks wie hier. Aber auch für Anfänger sind die Bedingungen ideal, weil völlig gefahrlos.

Am zweiten Tag macht mein Übungsschirm endlich das, was ich will. Ich darf auf einen richtigen, flugtauglichen Gleitschirm wechseln. Am dritten Tag ist es dann so weit:

Fluglehrer Walter Schrempf aus der Steiermark

Walter beschließt meinen ersten Hopser. Das Startmanöver gelingt mustergültig, der Wind hebt mich sanft in die Höhe. – Hurra, ich fliiiege! Ein Traum!
Walter freut sich mit mir: „Weißt du, was du hier in drei Tagen gelernt hast, kann in Österreich niemand! Die Düne verlangt perfektes Groundhandling – das bedeutet höchste Sicherheit!" In den nächsten Tagen entscheidet einzig der Wind über meine Flugkünste: Je stärker er wird, desto schwächer wird meine Performance. Bis hin zu Zwangspausen. Dann jubeln die Könner.

Tierreiches Namibia

Zwischen dem Flugtraining sorgen Ausflüge ins Landesinnere Namibias für willkommene Abwechslung. Vorbei an der Spitzkoppe (1.728 Meter hoch und auch Matterhorn Afrikas genannt) geht's zu den Erongo-Bergen. Die bizarr verwitterten Felsformationen gehören zu den geologischen sowie archäologischen Highlights: Wie von einem Riesen vergessenes Spielzeug liegen natürliche Granitskulpturen in der bergigen Savannenlandschaft herum, rötlichen Inselberge zeugen vom vulkanischen Ursprung. In Phillip's Cave gibt's denkmalgeschützte Felszeichnungen zu bewundern, rundum tummelt sich das regste Wildleben Afrikas: Giraffen, Vogelstrauße, Nashörner, jede Menge Wild vom Springbock bis Oryx und Paviane werden von uns gesichtet.
Mit einer Fläche fast zweimal so groß wie Deutschland, nur 2,5 Millionen Einwohnern und einem in der Verfassung verankerten Naturschutzprogramm zählt Namibia zu einem der tierreichsten Länder Afrikas. Absoluter Höhepunkt für Safarifreunde ist der Etosha National Park im Norden, doch dafür lässt uns die Fliegerei keine Zeit. Ein Game Drive bei der Okapuka-Ranch breitet aber auch den ganzen Garten Eden vor uns aus, sogar die extrem seltene Rappenantilope läuft uns vor die Linse.

Rappenantilopen sind sehr selten

Die beiden letzten Tage widmen wir wieder dem Paragleiten. Für meine Flugübungen zieht es mich immer höher hinauf auf die Düne und der schwierige Rückwärtsstart gelingt mittlerweile problemlos. Glücksstrahlend fliege ich frei wie ein Vogel dem glitzernden Meer entgegen, lande gekonnt – und bin schon wieder hinauf unterwegs. Jetzt ist es richtig schön: der Wind und der Sand wurden zu meinen besten Freunden. Jetzt darf die Reise noch nicht zu Ende sein, meine Paragleit-Karriere bekommt gerade erst Aufwind!

Bizarre Felsformationen in den Erongo-Bergen

Warzenschweine und Nashörner sind gute Freunde

Warum hinfahren?

Afrika ganz easy

Namibia ist Afrika von seiner besten Seite und ein sicheres Reiseland mit guter Infrastruktur, die deutsche Vergangenheit (Kolonie Deutsch-Südwestafrika von 1884 bis 1915) wirkt bis heute nach, oft wird Deutsch gesprochen. Das Land punktet mit seiner endlosen Weite, seinen großartigen Natur- und Wüstenlandschaften und sehr regem Wildleben.

Nach dem Safari-Tourismus werden Land und Leute, die verschiedenen Kulturen sowie großartigen Landschaftsformen immer beliebter, in den goldenen Sanddünen der Wüste werden Outdoor-Abenteuer aller Art angeboten: Fallschirmspringen, Paragleiten (auch mit Motor), Quad-Safaris, Kamelreiten, Sandskiing, Wandern, Biken u.v.m. Wasserratten kommen zum Kiten und Surfen im Atlantik oder unternehmen Kayaktouren mit Delfinen. Aus Naturschutzgründen sind Outdoor-Abenteuer seit Kurzem ausschließlich in Begleitung kundiger Guides erlaubt, ein geregelter Zugang in die Wildnis ist also garantiert.

Geschichte und runde Jubiläen

Vor 50 Jahren – exakt am 12. Juni 1968 – änderte die Generalversammlung der Vereinten Nationen den Namen South West Africa zu Namibia. Vor 40 Jahren (1978) verabschiedete der UN-Sicherheitsrat einen Friedensplan und vor 30 Jahren (1988) erklärte sich Südafrika bereit, seine Besatzung (1915 bis 1989) aufzugeben. Die endgültige Unabhängigkeit erreichte Namibia am 21. März 1990 – als letzter selbstständiger Staat des afrikanischen Kontinents.

Faszination Fliegen

Die Küstendünen südlich von Swakopmund sind der perfekte Spielplatz für Paragleiter. Der Österreicher Walter Schrempf (Flugschule Sky Club Austria in Gröbming) veranstaltet seit 20 Jahren alljährlich von November bis März Paragleit-Safaris für Fortgeschrittene in Namibia. Sicherheit hat absoluten Vorrang! Zwei Wochen mit Übernachtung und Frühstück sowie Paragleitkurs gibt's ab 1.950 Euro (ohne Anreise). www.skyclub-austria.at

„Groundhandling": auch Könner trainieren es regelmäßig

Tourismus auf Rekordkurs

Namibia boomt: Aus Deutschland gab es 2016 ein Plus von 34,6 Prozent, aus Österreich plus 28,2 Prozent. In seinen Ausbaumaßnahmen setzt Namibia auf Nachhaltigkeit und Qualität statt Masse, das touristische Potenzial ist noch nicht einmal in Ansätzen ausgeschöpft. Der Boom macht sich auch im Angebot der Airlines bemerkbar, das zuletzt weiter ausgebaut wurde: Ab Deutschland (diverse Flughäfen mit Anschlussflügen nach Österreich) nach Windhoek fliegen die Air Namibia (www.airnamibia.com/de), die Condor (www.condor.com) und Eurowings (neu ab München, www.eurowings.com). Weiters geht es mit nur einem Zwischenstopp ab Wien mit Ethiopian Airlines (via Addis Abeba, www.ethiopianairlines.com) sowie Qatar Airways (via Doha, www.qatarairways.com) nach Windhoek.

It's new

Spannende Museen

Die sehr aktive „Museums Association of Namibia" plant für 2018/19 die Realisierung des „Zambezi Museums" im Nordosten sowie das „Museum of Namibian Music" in der Hauptstadt Windhoek. www.museums.com.na.

Neue Edel-Lodges und Hotels

Im Zentrum der Küstenstadt Swakopmund eröffnet Ende 2018 The Atrium 4* samt schicker Lounge-Area am Dach (www.swakopmund.na/atrium-hotel-swakopmund). Die „Shipwreck Lodge" ist das erste Hotel an der berühmt-berüchtigten Skeleton-Coast (Eröffnung Mitte 2018, www.skeletoncoastlodge.com).

Wie der Rumpf eines gestrandeten Schiffs: Shipwreck Lodge

Neue Safari-Basecamps sind die umweltfreundliche, schlicht-moderne Lodge The Desert Grace im Namib-Naukluft National Park (aus Sandsäcken errichtet! www.gondwana-collection.com) sowie das „Nkasa Linyanti Camp" im Nordosten und das „Hoanib Valley Camp" im Nordwesten des Landes (www.naturalselection.travel/locations/namibia). Letzteres galt übrigens als Geheimziel für die Hochzeitsreise von Prinz Harry und Meghan Markle!

Schneller in die Wildnis: Airpass

Die Tourismusbehörde Namibias ist bemüht, neue Routen und Angebote zu entwickeln, um die übliche Reiseroute (Windhoek – Sossusvlei – Swakopmund – Etosha) sowie die Hochsaison (Juli bis September) zu entzerren und baut gezielt den Kultur-, Erlebnis- sowie Thementourismus (z. B. über Geologie und Edelsteine) aus. Der brandneue Air Namibia Travel Pass erschließt die Regionen „Lüderitz" (Süden), „Ovambo" (kulturreicher Norden) sowie KAZA (Schutzgebiet Kavango – Zambezi im äußersten Nordosten), Inlandsflüge kosten so nur rund 75 Euro pro Strecke. www.airnamibia.com.

Schöner wohnen

Mount Etjo Safari Lodge, Kalkfeld (im nördlichen Landesinneren)

Harmonisch in die Landschaft eingefügt und auf geschichtsträchtigem Boden: Hier wurde im März 1990 die namibische Unabhängigkeit erklärt und versteinerte Dinosaurierspuren sind zu sehen. Schöne Anlage mit Pools (teilweise privat), Doppelzimmer mit Halbpension ab ca. 200 Euro für zwei. www.mount-etjo.com/de

Strand Hotel, Swakopmund

Schickes, modernes Hotel direkt am geschützten, feinsandigen Stadtstrand mit drei guten Restaurants (z. B. Brewing Company). Doppelzimmer mit Frühstück ab ca. 272 Euro für zwei. www.strandhotelswakopmund.com

Swakopmund Hotel

Der 1901 erbaute Bahnhof ist eines der schönsten Gebäude der Küstenstadt und heute ein stilvoll-nostalgisches Luxushotel; schöner Innenhof mit Pool. Doppelzimmer mit Frühstück ab ca. 170 Euro für zwei. www.legacyhotels.co.za/en/hotels/swakopmund

Gut zu wissen

Reisezeiten und Trockenheit

Namibia ist ein Ganzjahres-Reiseziel mit über 300 Sonnentagen. Die Jahreszeiten sind im südlichen Afrika genau umgekehrt zu unseren: Südwinter ist von Mai bis Oktober, es ist Trockenzeit und die beste Saison für Tierbeobachtungen und Aktivitäten. Generell leidet Namibia unter extremen Wassermangel und einer schlechten Wasserwirtschaft – mit negativen Auswirkungen auf Tierwelt, Farmen und die Gesamtwirtschaft.

Die namibische Regenzeit („grüne Saison" von Dezember bis März) hat Vor- und gewaltige Nachteile: Zwar blüht jetzt die Wüste auf, zartes Grün sprießt und die Tierbabys erblicken das Licht der Welt. Aber Achtung: Auch wenn sich das Tourismusmarketing massiv bemüht, diese tote Saison zu beleben, sei vor dem Südsommer gewarnt: Im Norden (Etosha-Nationalpark) ist Hauptregenzeit, gewaltige Niederschläge führen zu Überflutungen, Trockentäler verwandeln sich in reißende Sturzbäche. Im Landesinneren des Südens hingegen wird es unerträglich heiß – bis zu 60 Grad!

Sicherheit und Straßenverkehr

Namibia ist ein sicheres Reiseland, vor allem in den Tourismusgegenden. Man muss sich allerdings vor Kleinkriminalität und Diebstahl schützen (z. B. in Windhoek das Auto während der Fahrt absperren). Die Schere zwischen Arm und Reich wird immer größer!

Namibia ist für Individualtouristen und Selbstfahrer gut geeignet, aber nur ein Teil der Straßen ist geteert, Schotterpisten überwiegen. Höchste Vorsicht ist geboten: Die Entfernungen sind gewaltig und es passieren viele und horrende Verkehrsunfälle, da sich die Einheimischen an keine Regel halten und die endlose Weite zum Gas geben verleitet. Auch Wildwechsel ist jederzeit möglich. Daher extrem langsam und defensiv fahren und Dämmerungs- bzw. Nachtfahren völlig meiden! Autotouren in die Sandwüste brauchen entsprechendes Know-How. Niemals allein fahren!

Infos:

www.namibia-tourism.com, www.swakopinfo.com, www.skyclub-austria.at

Nachreisen leicht gemacht – Angebotsbeispiel:

„Namibia Highlights": 15-tägige Busrundreise ab/bis Windhoek – inkl. 14 Übernachtungen im Doppelzimmer in Hotels, Lodges und Camps mit Frühstück und neun Abendessen, Reiseverlauf laut Programm. Preis pro Person (ohne Fluganreise) ab 1.541 Euro.
Gesehen im DERTOUR -Katalog „Afrika"; tagesaktuelle Flugpreise und Buchung in jedem guten Reisebüro oder auf www.dertour.at

Hide away bevor es alle tun!

Bis vor Kurzem war die paradiesische Halbinsel Bãi Dài am glasklaren Meer militärisches Sperrgebiet, jetzt öffnet sich der längste Sandstrand Vietnams dem Tourismus. Erste Luxusresorts entstehen und verwöhnen mit erschwinglichen Preisen.

Lagoon-Pool im Luxushotel The Anam

Badefreuden am Bãi Dài-Strand

Weißer Sand und glasklares Meer, stolze Palmen, das sanfte Rauschen der Wellen, Natur pur und Stille. Südwärts erstreckt sich dieser unberührte Bilderbuchstrand endlose 30 Kilometer lang, nur in der Ferne sind drei Hotelkästen auszumachen. Richtung Norden geht die überaus friedliche Szenerie in kühnem Schwung in eine üppig bewachsene, tropisch grüne Berg- und Hügellandschaft über. Alles unverbaut!
Der Name dieses Sehnsuchtsortes ist Bãi Dài, zu finden in Vietnam. Die 3.440 Kilometer lange Küsten des schmalen südostasiatischen Landes hat die Form eines S. Bãi Dài liegt dort, wo der untere Bauch des S am dicksten ist, im Süden Zentralvietnam zwischen den Städten Nha Trang und Cam Ranh. Der Bãi Dài wird auch „Long Beach" genannt. Völlig zu Recht – als längster durchgehender Sandstrand des Landes! An diesem weltvergessenen Ort eröffnete Ende April 2017 ein Fünfsterne-Luxusresort namens The Anam. Ein großartiges Hideaway, das das vielstrapazierte Prädikat „paradiesisch" tatsächlich verdient.

Wer ist der schönste Strand im ganzen Land?

Stille, touristisch noch wenig entdeckte Strände findet man in Vietnam noch recht häufig: Im nördlichen Teil des Landes etwa zählt der Cua Lo und Sam Son Strand bei Vinh zu dieser Kategorie. Südwärts der Thuan An Beach bei Hué und der Lang Co Beach zwischen Hué und Da Nang. In Zentralvietnam gehören neben dem Bãi Dai die goldgelben Sandstrände Quy Nhon, Xuan Hai, Doc Let oder Ca Na Beach zu diesen Perlen; und im Süden Bãi Hon

Strand bei Nha Trang

Rom, Bãi Ho Coc und Bãi Hon Chong. Übrigens: Bãi heißt Strand auf Vietnamesisch. Alle genannten sind eine Reise wert. Der Bãi Dài bzw. Long Beach aber ist ein ganz besonderes Juwel und noch ein bisschen schöner. Zu verdanken ist das seiner Lage auf der extrem langgezogenen, schmalen und sandigen Halbinsel zwischen der Vietnamesischen Ostsee und der ausgedehnten Lagune von Cam Ranh. Hier gibt es weder Ackerbau noch einen der vielen schlammigen Flüsse Vietnams, die ihre Sedimente im Meer ablagern. So ist das Wasser extrem klar und sauber. Eigentlich gibt es hier gar nichts außer Sand und Meer, denn bis vor acht Jahren war die herrliche Halbinsel militärisches Sperrgebiet. Nun wurde also ein neues, bis dato verborgenes Paradies eröffnet. Darüber hinaus sorgen die sogenannten Marmorberge im Hinterland für ein begünstigtes Mikroklima mit 300 Sonnentagen pro Jahr und weit weniger Niederschlag als im Rest des überaus regenreichen Landes.

Authentisches Leben am Meer

Die Lebensgrundlage der Bevölkerung rund um Cam Ranh ist das Meer – mit Fischfang, der Zucht vom Meeresfrüchten und den begehrten Long Beach Perlen. Beim Anflug auf Cam Ranh sieht man zwar zahlreiche Muschelbänke vor der Küste, von einer Fischindustrie kann aber nicht die Rede sein.

Korbboote sind in der Region Nha Trang typisch

In der Nacht funkeln Hunderte helle Lichter am Meer – die Fischer sind mit ihren bescheidenen Booten unterwegs. Um fünf Uhr früh verwandelt sich der Bãi Dài in einen temporären Fischmarkt. Eine regionale Besonderheit sind die Thung Chai (wörtlich übersetzt „Pechkörbe"): Diese flachen, kreisrunden Boote von rund zwei Meter Durchmesser erinnern an überdimensionierte Brotkörbe und dienen dem Fischfang. Fünf, sechs und mehr Personen finden darin Platz und paddeln aufs mehr Meer hinaus. Der reinste Balance-Akt! Nicht minder authentisch geht es im winzigen, 400 Jahre alten Fischerdorf am Nordende der Long Beach zu. Es ist – sagen wir mal – in historischer Leichtbauweise errichtet: ein paar Bambusstäbe tragen ein großflächiges, langgestrecktes Schilfdach. Darunter, gut beschattet, spielt sich das pralle Leben Vietnams ab: Hängematten, Hausaltäre, Opfergaben, Garküchen, Plastiksesserl, Schwimmreifen, Surfbretter, Hühnerkäfige, in Glaszylinder eingelegtes Ungetier, Yogastunden – das ganze Land unter einem Dach! Es wird,

Traditionelles Fischerdorf am Bãi Dài (Long Beach)

so wie überall auf den Straßen Vietnams, gekocht, gebraten, gegessen, geplaudert und gelacht. Um Euro-Cent-Beträge gibt's frischeste Fischgerichte, im flachen Wasser spielen Kinder und toben Hunde. Einfacher und zufriedener kann das Leben nicht sein, die Improvisationskunst ist rührend.

Luxus für Robinson Crusoe

Ganz anders geht es im neuen Luxushotel The Anam zu, in Sachen Authentizität muss sich das stilvolle Resort allerdings keineswegs verstecken: Schon Jahre bevor der vietnamesische Eigentümer mit dem Bau begann, wurde der Garten mit mehr als 3.000 herrlichen Palmen, zahlreichen duftenden Frangipani, Bananenstauden und Blumen gestaltet. In diese tropische Grünoase kuscheln sich 117 Villen im reizvollen Kolonialstil, ein Haupthaus, fünf Restaurants und Bars, ein Spa und zwei herrliche Poolanlagen. „Wir eröffneten Ende April 2017 und hatten vom Start weg eine Auslastung von unglaublichen 85 Prozent!", sagt Herbert Laubichler-Pichler, General Manager und gebürtiger Salzburger. „Wir waren einfach zur richtigen Zeit am richtigen Ort!"
Noch verfügt das herrliche Luxusresort über ein kostbares Alleinstellungsmerkmal: Außer dem „The Anam" gibt es entlang der 30 Kilometer des Long Beach gerade mal vier Resorts gehobenen Niveaus. Allerdings: gebaut wird vielerorts, zahlreiche internationale Hotelbrands folgen. Kolportiert wird ein Investitionsvolumen von mehr als einer Milliarde US-Dollar bis 2020. Und auch am derzeit noch kleinen, beschaulichen Flughafen wird emsig gehämmert und bald eröffnet der neue internationale Terminal. Der Boom hat Fahrt aufgenommen, schon in wenigen Jahren wird es hier definitiv anders aussehen!

Pool und Restaurant im Hotel The Anam

Abwechslungsreiches Hinterland

Das historisch bedeutende Hinterland und die herrliche Bergwelt am Rande des Truong-Son-Gebirges bieten Abwechslung zum Badespaß. Die Region war das Zentrum des antiken Cham-Imperiums, großartige Zeugnisse ihrer Hochkultur sind erhalten. Das Heiligtum Po Nagar bei Nha Trang wurde im 4. Jahrhundert zu Ehren der „Himmlischen Mutter der Königsstadt" errichtet, bis heute sind ockerrote Tempeltürme aus dem 9. bis 13. Jahrhundert erhalten. Noch schöner wird die Augenweide dank der traditionell weiß gekleideten Vertreter der heutigen Cham-Minderheit, die vor den Tempeln ihre handgemachten Souvenirs feilbieten.

Auch die französischen Kolonialherren erkannten die Schönheit der Region und gingen daran, aus Nha Trang ein zweites Nizza zu machen. Alles was Rang und Namen hatte, mietete sich im mondänen Seebad ein. Bao Dai, der letzte vietnamesische Kaiser, ließ sich in den 1920er-Jahren eine imposante Winterresidenz errichten. Die jüngste Geschichte ist allerdings wenig glorreich: Im Vietnamkrieg hatten die Amerikaner in Cam Ranh einen wichtigen Stützpunkt. In den Marmorbergen dahinter versteckten sich die Guerillakämpfer des Vietcongs und lehrten den GIs das Fürchten. Heute ist Nha Trang eine gesichtslose 500.000-Einwohner-Stadt mit Hotelhochhäusern, Touristen aus China und Russland, Trubel und Nightlife.

Cham-Frau beim Po Nagar-Tempel nahe Nha Trang: Frauen tragen Pink, Männer Weiß

Die grandiosen Kulturschätze Vietnams

So schön Bãi Dài ist, nur für einen Badeaufenthalt nach Vietnam zu reisen, wäre definitiv schade. Das Land verfügt über großartige Kulturzeugnisse! Zu den Höhepunkten (und UNESCO-Stätten) gehören die alte Königsstadt Hué; die reiche, einst chinesische Handelsstadt Hoi An und ihr einzigartiges historisches Ensemble, das am Abend mit Tausenden bunten Lampions romantisch beleuchtet wird; die Tempelstadt My Son und natürlich die Hauptstadt Hanoi ganz im Norden mit ihren quirligen Altstadtgassen und kolonialem Flair. Die Stadt ist unbedingt einen Besuch wert!

Aber bitte beeilen Sie sich, denn bald ist es mit dem Robinson-Feeling an Vietnams Traumstränden vorbei. „Vietnam is the new Bali!", erklären uns zwei Australische Touristen am Long Beach. Wer will schon nach Bali? Vietnams Küste ist (noch) viel schöner und ursprünglicher!

Alte Königsstadt von Hué

Straßenverkäuferin in Hoi An

Warum hinfahren?

Fünf Minuten vor Massentourismus

Vietnam im Südosten Asiens ist ein aufstrebender Tigerstaat mit unglaublichen Entwicklungen seit Mitte der 1990er-Jahre. 1993 stufte die Weltbank 58 Prozent der Vietnamesen als arm ein, 2008 waren es „nur" mehr 16 Prozent. Der Tourismus ist ein wichtiger Wirtschaftsmotor (gut fünf Prozent des BIP) und knapp davor, raketenhaft abzuheben.
Das Reiseland Vietnam ist derzeit gefragt wie nie und blickt zuletzt auf ein erfolgreiches Jahr zurück – mit 12,9 Millionen Urlaubern zwischen Januar und Dezember 2017. Das bedeutet einen Zuwachs von rund 30 Prozent im Vergleich zum Vorjahr. Viel wird in die Restaurierung der großartigen Kulturschätze sowie in neue Hotelanlagen investiert. Wer noch das unverdorbene, echte Vietnam erleben will bevor die Touristenmassen einfallen, muss jetzt hinfahren!

Großartiges, vielfältiges Reiseland

Vietnam hat ein hervorragendes Preis-Leistungs-Verhältnis und ist mit Traumstränden, schroffen Bergen, üppigen Regenwäldern, zahlreichen Wasserfällen, einem großartigen kulturellen Erbe und pulsierenden Städten sehr abwechslungsreich. Die Destination ist eine der attraktivsten Asiens, sauber und sehr angenehm zu bereisen. Die Menschen sind hilfsbereit, fleißig, ehrlich und überaus freundlich (ohne dabei anstrengend zu werden), die Küche ist großartig!

Massage im Sri Mara-Spa des Hotels The Anam

Das Riesen-Resort Mövenpick Cam Ranh eröffnet Ende 2018

It's new

Neue Luxusresorts im Paradies

Am Long Beach zwischen Ram Ranh und Nha Trang entstehen mehrere neue internationale Top-Resorts: noch 2018 sperren das Radisson Blu Cam Ranh Bay 5* und das Mövenpick Cam Ranh 5* auf; das Westin Cam Ranh Resort & Spa folgt.

Internationaler Flughafen Cam Ranh

Am bisherigen Provinzflughafen ging im Frühling 2018 der neue internationale Terminal in Betrieb. Mit einem sprunghaften Anstieg der Verbindungen ist zu rechnen. Internationale Flüge Richtung Westen wie etwa nach Bangkok (diese würden die Anreise für Österreicher sehr erleichtern!) gibt es derzeit noch nicht, werden aber erwartet. Anreisetipp: Mit Eva Air von Wien nonstop nach Bangkok (empfehlenswert ist die sehr komfortable und preiswerte Premium Economy Class – www.evaair.com) und von hier über Hanoi (unbedingt einen Zwischenstopp einlegen!) weiter nach Cam Ranh (www.vietjetair.com oder www.jetstar.com).

Schöner wohnen

Leistbarer Luxus: Hotel The Anam 5*, Cam Ranh (Zentralvietnam)

Stilvoller und schöner kann ein Resort nicht sein: die 2017 eröffnete Anlage „The Anam" im schmucken Kolonialstil ist in einen üppigen Palmenhain mit blühender Gartenanlage eingebettet. Hier stimmt einfach alles: Service, Kulinarik, Zimmer, Treatments im Sri Mara-Spa, Freizeitangebot – und die Preise! General Manager ist ein Österreicher. Allein die „kleinsten" Zimmer (Standard im Haupthaus) messen stolze 50 Quadratmeter. Wir empfehlen die Pool-View-Villas rund um den großen Lagoon-Pool (mit direktem Zugang). Vom Restaurantpool führt eine palmengesäumte Rasenfläche zum Sandstrand „Long Beach". Für das Morgen-Yoga sind wir freiwillig um sechs Uhr früh aufgestanden. – Einfach schön! Das Standard-Zimmer mit Halbpension für zwei Personen gibt es schon ab 200 Euro pro Tag! www.theanam.com.

Kolonialflair pur: Sofitel Métropole Hanoi 5*

Das Sofitel Métropole im französischen Viertel von Hanoi ist seit seiner Eröffnung 1901 das Traditionshotel der quirligen Hauptstadt: Der Innenhof des blütenweißen Kolonialbaus mit Pool und Wintergarten ist eine Oase der Ruhe, in der Bamboo Bar kann jeder in kolonialen Erinnerungen schwelgen. Das Frühstück nach guter französischer Tradition ist großartig! Premium-Doppelzimmer mit Frühstück (zwei Personen) ab 236 Euro. www.sofitel-legend-metropole-hanoi.com

Gut zu wissen

Wie mit Gießkannen: Sehr regenreiches Land

Das Klima in Vietnam ist tropisch mit 26 Grad im Jahresdurchschnitt und ganzjährig starken Niederschlägen. Zwischen Nord und Süd gibt es deutliche Unterschiede, speziell an der Küste Nord- und Zentralvietnams kann es tagelang schütten, weiter im Süden ist es trockener. Regenzeit ist so gut wie immer, am statistisch trockensten ist der Zeitraum Dezember bis März, am heißesten ist es zwischen Februar und April (bis 35 Grad, schwül).

„Sightswimming" statt sightseeing in Hué

Der Gast ist Millionär

Eine Million vietnamesische Dong entsprechen rund 37 Euro, ein gepflegtes Abendessen zu zweit gibt es ab umgerechnet zehn Euro, Inlandsflüge ab 20 Euro und wunderbare Gore-tex-Jacken (keine Fakes!) um 16 Euro. Das Land ist supergünstig!

Infos:

http://english.cinet.vn

Nachreisen leicht gemacht – Angebotsbeispiel:

„Vietnam auf eigene Faust": 14-tägige Erlebnisreise per Bus, Zug und Boot ab Ho-Chi-Minh-Stadt bis Hanoi – inkl. 13 Übernachtungen im Doppelzimmer oder Zug (Vier-Bett-Abteil), elf Mal Frühstück, drei Mittag- und drei Abendessen, Verlauf laut Programm.
Preis pro Person (ohne Fluganreise) ab 899 Euro.
Gesehen im DERTOUR-Katalog „Asien"; tagesaktuelle Flugpreise und Buchung in jedem guten Reisebüro oder auf www.dertour.at

Die besten TIPPS FÜR REISENDE von A bis Z*

A

Annullierung von Flügen

Wird ein Flug vor Reiseantritt abgesagt, ist die Airline am Zug und muss dem Kunden ein Lösungsangebot unterbreiten – entweder eine alternative Beförderung mit einem anderen Flug oder die Rückerstattung des Ticketpreises.
Die Reiserechtsexpertin und ÖAMTC-Juristin Verena Pronebner weiß Genaues: Werden die Reisenden früh genug über die Streichung des Fluges informiert und ändert sich die neu angebotene Abflugs- und Ankunftszeit nur geringfügig, muss der Passagier das akzeptieren. Dies ist der Fall, wenn man 1. mindestens zwei Wochen vorab informiert wird (dann ist das Ausmaß der Flugzeitänderung unerheblich); 2. zwischen 13 und sieben Tage vorab informiert wird und maximal zwei Stunden vor der planmäßigen Zeit abfliegt sowie maximal vier Stunden verspätet ankommt; 3. man weniger als sieben Tage vorher informiert wird und maximal eine Stunde früher sowie maximal zwei Stunden später ankommt.
Kommt der Alternativflug für den Passagier nicht in Frage, kann er auf Rückerstattung des Preises bestehen. Gutscheine muss er nicht akzeptieren.

B

Buchungstermin

Wer seinen Flug zum richtigen Zeitpunkt bucht, kann bis zu 32 Prozent sparen – zeigt eine aktuelle Analyse von www.checkfelix.com, der beliebtesten Reise- und Flugsuchmaschine Österreichs. Wann ist es besser, frühzeitig zu buchen, wann später?
Europa: Frühbucher haben das größte Sparpotenzial. Durchschnittlich sind Tickets ab Österreich acht bis neun Monate vor Abflug am günstigsten – so etwa nach London oder Barcelona. Für Lissabon-, Berlin- und Dublin-Reisende sind die Flugpreise elf Monate vor der Reise am niedrigsten.
Langstreckenflüge bucht man am günstigsten acht bis neun Monate vor Abflug: New York, Los Angeles, Denpasar oder Dubai sind neun Monate vorab am erschwinglichsten. Für Bangkok (übrigens dem beliebtesten Langstreckenziel der Österreicher) gibt es sechs Monate voraus um acht Prozent günstigere Tickets; für Südafrika acht Monate voraus 25 Prozent Sparpotenzial (jeweils im Vergleich zum ungünstigsten Buchungszeitpunkt).
Wochentag: Sowohl Mittel- als auch Langstreckenflüge sind unter der Woche günstiger als am Wochenende. Die „billigsten" Flugtage sind Montag und Mittwoch.
Tipp: der Checkfelix-Tool „Dealfinder" (www.checkfelix.com/explore) filtert die günstigsten Flüge für bestimmte Saisonzeiten heraus und schickt (auf Wunsch) per Mail einen „Preisalarm", wenn die Preise steigen.

C

City-Cards

Praktisch aber nicht immer günstiger: City Cards sind quasi ein All-inclusive-Ticket für Städteziele, sie locken mit Gratiseintritten, öffentlichem Verkehr, Vergünstigungen und diversen Angeboten (für zumeist 24 bis 72 Stunden). Das ist praktisch! Doch es gibt enorme Preis- und Leistungsunterschiede: In Wien etwa sind nur die Öffis und einige Vergünstigungen inkludiert (21,90 Euro für vier Tage), in der Drei-Tages Paris Card (129 Euro) hingegen alle Sehenswürdigkeiten und Museen außer dem Eiffelturm (der kostet 20 Euro extra). Städtetouristen sollten vor dem Kauf also genau überlegen, welche Attraktionen sie besuchen möchten und prüfen, ob diese in der Card inkludiert sind. Zusätzliche Vorteile von City Cards: Oft ermöglichen sie kürzere Wartezeiten bei den Hauptattraktionen oder (wie in Ljubljana etwa) kostenloses WiFi. Einen Überblick samt Kaufmöglichkeit gibt's auf www.welovecitycards.com.

D

Diebstahl

Was tun, wenn man im Ausland bestohlen wird? Grundsätzlich die örtliche Polizei verständigen und umgehend Anzeige erstatten! Unbedingt eine Kopie der Diebstahlanzeige aushändigen lassen, denn nur so erhält der Geschädigte notwendige Duplikate und kann Ansprüche (z. B. bei der Versicherung) geltend machen. Beim Diebstahl von Reisedokumenten gilt es, nach der Anzeige bei der Polizei, Kontakt mit der österreichischen Botschaft oder dem Konsulat aufzunehmen, um einen Not-Pass zu bekommen. Gibt es im Urlaubsland keine österreichische Vertretungsbehörde, kann sich der Reisende auch an die eines anderen EU-Mitgliedstaates wenden. Zurück in der Heimat muss mit der ausländischen Diebstahlsanzeige eine neuerliche Anzeige erstattet werden, denn nur so ist ein neuer Reisepass oder Führerschein erhältlich.

E

Einreisebestimmungen

Bei jedem Grenzübertritt aus Österreich hinaus wird ein Reisedokument benötigt. Dies gilt auch bei Reisen in Schengen-Staaten und auch bei nur ganz kurzen Fahrten ins Ausland. Reisedokumente sind der Reisepass oder innerhalb der EU ein gültiger Personalausweis,

nicht aber der Führerschein! Auch wenn wenige Länder einen bis zu fünf Jahre abgelaufenen Reisepass akzeptieren, empfiehlt das Außenministerium, stets einen aktuell gültigen Reisepass mitzuführen.
Reisende außerhalb der EU und Schengen sollten sich rechtzeitig informieren, welche Dokumente nötig sind (Visum?). Bedenken Sie, dass die Ausstellung eines Visums oft einige Wochen in Anspruch nimmt. Oft muss der Reisepass noch sechs Monate lang gültig sein! Informationen gibt's auf www.bmeia.gv.at/reise-aufenthalt und bei den jeweiligen Botschaften.

F

Fluggastrechte

Die EU-Verordnung 261/2004 regelt in der EU die Rechte von Flugpassagieren: Kommt ein Flug mehr als drei Stunden verspätet an, wurde (kurzfristig) annulliert oder überbucht („denied boarding"), besteht für den Fluggast Anspruch auf eine finanzielle Ausgleichszahlung. Diese beträgt bei Flügen bis 1.500 Kilometer 250 Euro, für 1.500 bis 3.500 Kilometer 400 Euro, bei noch längeren Flugstrecken 600 Euro. Die Regelung gilt für alle Airlines, die in der EU sowie der Schweiz registriert sind; für alle Flüge innerhalb der EU (und der Schweiz) sowie Flüge, die in der EU abgehen. Aber: Fliegt man beispielsweise mit Turkish Airlines von Antalya nach Wien retour, kommt sie nicht zur Anwendung. Betroffene Konsumenten finden auf EU-Flughäfen Aushänge mit entsprechenden Hinweisen und sollten möglichst noch vor Ort ihre Ansprüche kundtun. Sollte die Airline die Entschädigung nicht freiwillig bezahlen, hilft die unabhängige Beschwerde- und Schlichtungsstelle des Bundesministeriums für Verkehr, Innovation und Technologie (BMVIT – www.bmvit.gv.at/verkehr/luftfahrt/flugreisende, fluggastrechte@bmvit.gv.at) oder Verbraucherschutzorganisationen wie www.fairplane.at oder www.flugrecht.at.

G

Geld beheben am Bankomat

Wer in Nicht-Euro-Ländern Geld am Bankomat zieht, sollte unbedingt darauf achten, dass die Abrechnung in der jeweiligen Landeswährung erfolgt. Das erspart Spesen, denn eine Gebührenfalle droht: Vermeiden Sie, dass die Transaktion in Euro berechnet wird (Dynamic Currency Convention). Das bieten nämlich viele Bankomaten im Euro-Ausland an – besonders in der Schweiz, in Tschechien, Polen, Großbritannien und der Türkei. Ablehnen! Denn die sofortige Umrechnung der Landeswährung in Euro wird vom Geldinstitut extra berechnet. Die Gebühren können bis zu 9,6 Prozent des behobenen Betrages kosten – bei 300 Euro also bis zu 28,80 Euro!

H

Handgepäck

Flüssigkeiten im Flug-Handgepäck dürfen nur in Behältern von maximal 100 Milliliter transportiert werden; diese Gefäße müssen wiederum in einem durchsichtigen, wiederverschließbaren Plastikbeutel verpackt sein (nicht größer als ein Liter). Pro Passagier gilt nur ein Beutel. Babynahrung (für mitfliegende Kinder bis drei Jahre) sowie Medikamente (am besten mit ärztlicher Bestätigung) unterliegen nicht dieser Mengenbeschränkung.
E-Zigaretten und Lithium-Ersatzbatterien für Laptops und Smartphones dürfen nur im Handgepäck mitgeführt werden. Benzinfeuerzeuge sind an Bord verboten, Gasfeuerzeuge oder ein Päckchen Streichhölzer dürfen nur direkt an der Person (Jackentasche), nicht aber im Hand- oder Reisegepäck transportiert werden. Speziell USA-Reisende müssen mit verschärften Kontrollen von elektronischen Geräten im Handgepäck rechnen, diese müssen sich bei der Überprüfung vor Ort ein- und ausschalten lassen – daher Smartphones und Laptops stets mit geladenem Akku mitführen.

I

Impfungen

Ein Basis-Impfschutz ist bei Fernreisen unerlässlich, weitere Impfungen sind nicht nur empfehlenswert, sondern mitunter sogar vorgeschrieben. Infos zu Gesundheit und Impfungen weltweit liefert das Außenministerium (www.bmeia.gv.at/reise-aufenthalt/reiseinformation). Planen Sie rechtzeitig – rund sechs Wochen vor Reiseantritt – mit Ihrem Arzt oder in einschlägigen Instituten einen geeigneten Impfplan: z. B. www.wien.gv.at/gesundheit/beratung-vorsorge/impfen/beratung (hier ist es am billigsten), www.tropeninstitut.at, www.tropencentersued.at oder https://dietropenordination.at. Manche Impfungen müssen für einen optimalen Schutz zweimal durchgeführt werden. Achtung: Ist von einem Reiseland eine Impfung vorgeschrieben, vergessen Sie nicht, zum Nachweis den Impfpass mit auf die Reise zu nehmen. Und übrigens: private Krankenversicherungen übernehmen oft die Kosten solcher Schutzimpfungen.

J

Jahreszeit - Reisezeit

Zur falschen Jahreszeit am Urlaubsort zu sein, kann das Reisevergnügen beträchtlich trüben. Nicht vergessen: Südlich des Äquators drehen sich die Jahreszeiten genau um, im Südsommer ist vor Ort Winter. Die jeweils beste Reisezeit (und geplante Aktivitäten) für das Zielland herauszufinden, ist oft nicht einfach, denn auch Regenzeiten halten sich immer weniger an den Kalender. Gute Infos gibt's auf www.beste-reisezeit.org und www.optimale-reisezeit.de.

K

Kreditkarten

Kreditkarten sind ein Segen für Reisende und bieten große Vorteile (abgesehen von einigen Reiseversicherungsleistungen – s. dazu R). Doch der Gebrauch derselben kann den Urlaub auch verteuern. In Euro-Ländern fallen bei Kreditkartenzahlungen zumeist keine zusätzlichen Kosten für den Konsumenten an, im Nicht-Euro-Raum hingegen werden Manipulationsgebühren zwischen 1,5 und zwei Prozent vom Zahlungsbetrag verrechnet. Bargeld-Behebungen per Kreditkarte am Geldautomat kosten ebenfalls: meist drei Prozent des Betrags, Minimum 2,50 Euro. Zusätzlich fällt eine Manipulationsgebühr beim Abheben von Fremdwährung an.
Kursschwankungen können das Reisebudget zusätzlich belasten, denn der Wechselkurs kann am Tag der Zahlung ein anderer sein als am Tag der Abbuchung. Bis der Umsatz bei der Kreditkartengesellschaft eintrifft, vergehen mitunter einige Wochen. Der Wechselkurs kann dann schon anders sein. Achtung auch: Manche Kartenanbieter legen einen Höchstbetrag zur Bargeldbehebung pro Tag oder Woche fest.

L

Last Minute

Als Last Minute gelten Buchungen, die knapper als 14 Tage vor Abreise erfolgen. Günstige Schnäppchen gibt es nicht nur direkt am Flughafen, sondern auch auf großen Onlineportalen wie www.ab-in-den-urlaub.at, www.expedia.at, www.travel24.at, www.stafa.at oder www.weg.de. Eine Ausnahme ist der Last Minute Spezialist l'tur (www.ltur.com), dieser verkauft eigene Kurzfristangebote fast ausschließlich über die eigene Homepage. Seine sogenannten Super Last-Minute-Angebote (drei Tage vor Abflug) sind besonders preiswert. Aber Achtung: Last Minute ist nicht unbedingt billiger als eine frühe Buchung lange voraus mitsamt Frühbucher-Rabatten. Die besten Schnäppchen lassen sich außerhalb der Hochsaison und mit größtmöglicher Flexibilität was Reiseziel, Reisetermin und -zeitraum sowie Abflughafen betrifft, ergattern.

M

Mietauto

Mietwagenfirmen reden ihren Kunden oft Versicherungen ein, die diese gar nicht brauchen und treiben so die Preise unnütz in die Höhe. Eine gesunden Portion Skepsis speziell bei der Übernahme des Mietwagens (genau auf Schäden kontrollieren und sich Mängel ggf. bestätigen lassen!) und bei Zusatzversicherungen ist angebracht. Auch die Tankregelung ist oft Grund für Ärger: Zumeist ist im Vertrag eine Über- und Rückgabe mit vollem Tank vereinbart, unbedingt sofort reklamieren, wenn die Tankanzeige beim Start nicht ganz oben steht. Das Angebot des Vermieters, das Fahrzeug nach Rückgabe selbst aufzutanken, kommt meist teuer. Um vorzubeugen, bitte das Mietauto unmittelbar vor der Rückgabe ganz volltanken. Mietwagen-Preise sind sehr unterschiedlich, gute Vergleichsmöglichkeiten bieten z. B. https://mietwagen.check24.at, www.billiger-mietwagen.at, www.checkfelix.com/cars oder www.mietwagenpreisvergleich.org.

N

Nichtbeförderung bei Flügen

Kann ein Passagier seinen Flug nicht antreten, weil er zum Beispiel überbucht ist, stehen dem Fluggast ein Alternativflug sowie (bei größerer Verspätung) Entschädigungsleistungen zu. Siehe dazu auch F – Fluggastrechte. Tipp: Verzichtet man bei Überbuchung freiwillig, bietet die Airline oft auch Entschädigungen in Form von Gutscheinen oder Bonusmeilen an. Diese Gegenleistungen sind individuell mit der Fluglinie verhandelbar und können höher als eine Barauszahlung ausfallen.

O

Online-Reiseplanung

Online oder lieber Reisebüro – wo informieren sich Reisende lieber? Im Auftrag von checkfelix.com befragte das Meinungsforschungsinstitut Opinium 1.000 Österreicher nach ihren Gewohnheiten bei der Reiseplanung: 26 Prozent gaben an, zwischen einer und drei Stunden mit der Urlaubsplanung im Internet zu verbringen, bevor sie sich zur Buchung entschließen. Nur neun Prozent verzichten gänzlich auf die Online-Planung und bevorzugen die persönliche Beratung im Reisebüro.

Online-Buchungen sind wegen geringerer Reisesicherheit leicht rückläufig, mit 1. Juli 2018 verbessert das neue Pauschalreisegesetzt die Situation (s. P). Der Online-Buchende sollte darauf achten, dass das Reiseportal seiner Wahl eine Niederlassung in Österreich hat, damit notfalls österreichisches Recht gilt und der Gerichtsstand in der Heimat ist.

P

Pauschalreisegesetz neu

Pauschalreisende genießen die höchste rechtliche Reisesicherheit. Seit 1. Juli 2018 gilt ein

neues Pauschalreisegesetz – mit gravierenden Verbesserungen für Online-Bucher: Die speziellen Schutzvorschriften werden auch auf im Internet gebuchte Reisepackages ausgeweitet (und gelten nicht mehr nur für Buchungen über Reisebüros). Wer seine Reise also online selbst zusammenstellt, hat künftig ebenfalls nur noch einen Ansprechpartner – den (Online-)Reiseveranstalter.
Als „Pauschalreise“ gilt die kombinierte Buchung von mindestens zwei Reiseleistungen wie Personenbeförderung (z. B. Flug), Unterbringung (z. B. Hotel) oder anderes (z. B. Rundreise). Neu ist, dass das Mietauto als Baustein dazukommt. „Damit gelten auch Kombinationen mit Flug und Mietwagen als Pauschalreise“, weiß ÖAMTC-Juristin Verena Pronebner.
Weitere Neuheiten: Die Veranstalter haben mehr Spielraum bei Leistungsänderungen vor Reiseantritt (z. B. Reiseroute oder Flugzeiten). Und: ist die Rückreise wegen außergewöhnlicher Umstände nicht möglich (Aschewolke), muss der Pauschalreiseveranstalter nur mehr für maximal drei Tage Hotelverlängerung aufkommen. www.oeamtc.at/reiseservice.

Q

Quallen

Schutzlotion vor Nesselgift: Die meisten Quallen sind harmlos, doch Feuer- und Nesselquallen (z. B. Portugiesische Galeere oder Bluebottle) sind giftig, eine Berührung mit der Würfelqualle (Seewespe, Box Jellyfish) kann sogar tödlich sein. Das Nervengift der Nesseln verursacht schmerzhaftes Brennen, aber auch Kreislaufprobleme, Fieber und allergische Reaktionen (bis zum allergischen Schock). Die hochgiftigen Würfelquallen (es gibt sie in Australien, im Pazifik, im Golf von Thailand und an den Küsten Indonesiens) sind Hochseebewohner und kommen vermehrt am Nachmittag in Strandnähe. Am Vormittag schwimmen ist also ungefährlicher. Noch bessere Vorsichtsmaßnahmen sind Schutzanzüge (Stinger-Suits aus Lycra oder Neopren) oder Schutzlotionen.
Die Lotion „Safe Sea“ vermindert das Explodieren der Nesselkapseln und so die Freisetzung der Quallentoxine. Denn: „Erst ab 7.000 geplatzten Nesselzellen pro Quadratzentimeter Haut kommt es zu Verletzungen“, weiß Tropenmediziner Dr. Heinrich Stemberger. Das Quallenschutzmittel kopiert die Natur: Der Clownfisch (bekannt als Nemo) trägt auf seiner Haut einen Schutzfilm, der ihn gegen die Nesselgifte der Anemonen (sein Zuhause) unempfindlich macht. Diese Substanzen werden in Safe Sea synthetisch nachgebaut. Das Mittel muss allerdings dick und absolut überall (auch Fußsohlen und unter dem Badegewand) und vor jedem Bad erneut aufgetragen werden. www.tropeninstitut.at/safesea-Quallenschutz.htm

R

Reiseversicherungen

Eine Reiseversicherung ist wichtig. Es ist ein weit verbreiteter Irrglaube, dass jede Kreditkarte ausreichenden Schutz bietet. Viele Karten (zumeist jene, die von den Banken im Rahmen des Kontopaketes angeboten werden) bieten gar keine Absicherung! Ausreichenden Schutz gibt's bei den teureren Produkten – von Gold-Cards aufwärts. Aber auch hier sind viele Stolperfallen enthalten. Auf Nummer sicher geht der Reisende mit einer Reiseversicherung: Sie bietet maßgeschneiderte Pakete für alle Bedürfnisse. Und hier sind auch die ganze Familie (samt mitreisenden Freundeskindern), Trips mit Selbstanreise oder chronische Krankheiten mitversichert (bei Kreditkarten meist nicht). Der Preis des Versicherungspaketes (es gibt unterschiedlichste – ab 13 Euro Prämie bis hin zu Jahrespaketen) hängt vom Reisepreis und der Reisedauer ab. Und es ist nie zu spät: Ein Online-Abschluss ist bis zum Tag der Abreise möglich! www.europaeische.at, www.hansemerkur.at/Versicherungen/Reisen, www.allianz-assistance.at/Reiseschutz, www.axa-assistance.at/Reiseschutz. Auf https://durchblicker.at/reiseversicherung gibt's einen Online-Preisvergleich.

S

Sicherheit

Vorbeugen und registrieren: Jeder Reisende – speziell bei Trips in entlegenere oder abenteuerliche Gebiete – sollte sich zur persönlichen Sicherheit vor Urlaubsantritt beim Bundesministerium für Europa, Integration und Äußeres (kurz: Außenministerium) registrieren. Das geht auf www.reiseregistrierung.at ganz einfach. So weiß die Behörde, wer sich in der (Krisen)Region aufhält und kann im Notfall schnell Kontakt mit den Reisenden sowie Verbindung zu den Angehörigen herstellen.

Sehr gute Informationen zur Sicherheitslage findet man auf der Homepage des Außenministeriums: Jedes Reiseland von A bis Z ist hier in sechs Stufen eingeteilt – von 1: „guter, mit Österreich vergleichbarer Sicherheitsstandard" bis 6: „Reisewarnung".
www.bmeia.gv.at/reise-aufenthalt

T

Tabus, Traditionen, Tischmanieren

Fernreisende sollten die Gepflogenheiten und religiösen Sitten des Gastlandes kennen. Ein Verstoß dagegen wird nicht nur missbilligt, sondern kann sogar strafbar sein. So etwa in Thailand, wenn man sich auf Buddha-Statuen setzt oder stellt. Weiters gilt in vielen asiatischen Ländern der Kopf als Sitz der Seele, Kindern über den Kopf zu streicheln, ist völlig

tabu! In weiten Teilen Südostasiens begrüßt man sich mit einer kleinen Verbeugung – und ohne direkten Augenkontakt. Ein tiefer Blick in die Augen des Gegenübers wird als taktlos empfunden (genauso wie Schulterklopfen).
Restaurant-Besucher in China sollten wissen, dass Rülpsen und Schmatzen bei Tisch anzeigt, dass es besonders gut schmeckt. Tabu hingegen ist, die Essstäbchen aufrecht in den Reis zu stecken (das ist nur bei Opfergaben für die Ahnen üblich) oder seinen Teller leer zu essen (gilt als Zeichen, dass es zu wenig war). Wichtig für Hobbyfotografen: In muslimischen Ländern ist das Fotografieren von Flughäfen, Bahnhöfen, Polizeistationen, Uniformierten und militärischen Anlagen, oft auch von Moscheen, verboten. In Sri Lanka ist es untersagt, sich mit dem Rücken zu einer Buddha-Statue fotografieren zu lassen.

U

Urlaubssouvenirs

Vorsicht bei Urlaubssouvenirs! 35.000 Tier- und Pflanzenarten gelten als gefährdet und sind im Washingtoner Artenschutzabkommen CITES geschützt. Für die Einfuhr derartiger Produkte in die EU sind eine Ausfuhrgenehmigung der CITES-Behörde im Herkunftsland sowie eine Einfuhrgenehmigung des österreichischen Lebensministeriums notwendig. Widrigenfalls riskiert der Reisende eine Geldstrafe von bis zu 40.000 Euro oder sogar bis zu zwei Jahren Haft. Generell abzuraten ist vom Kauf lebender Tiere und Pflanzen, Schnitzereien aus Elefanten-Stoßzähnen, Nashorn-Hörnern und Wal-Knochen. Höchste Vorsicht ist bei Schmuck aus Korallen und Muscheln, Riesenmuscheln, Souvenirs aus Schildkrötenpanzern sowie Antiquitäten (Griechenland) und Kunstgegenständen (Kroatien) geboten. Hier sind Genehmigungen erforderlich; ebenso in Afrika bei Produkten aus Raubkatzen-Fellen oder Leder von Flusspferd, Nashorn, Krokodil- und Schlangenarten; weiters für Arzneien der traditionellen chinesischen Medizin (TCM, China), Wollprodukte der Tibetantilope (Indien) sowie Orchideen (Thailand). Mehr auf www.cites.at.

V

Versorgung bei verspäteten Abflügen

Kommt es zu Verspätungen beim Abflug, ist die Fluggesellschaft bei Wartezeiten ab zwei bis vier Stunden (je nach Flugdistanz) zu folgenden Leistungen verpflichtet: Getränke, Snacks, kostenlose Telefonate sowie E-Mail-Zugang. Verzögert sich die Abreise bis zum folgenden Tag, steht dem Passagier ein Hotelaufenthalt sowie Transfer hin und retour zu. Übersteigt die Verspätung fünf Stunden, kann der Fluggast vom Beförderungsvertrag zurücktreten, den gesamten Ticketpreis zurückverlangen und Abschlagszahlungen beanspruchen (s. F – Fluggastrechte).

W

WIZZ Air

17 (brand)neue Flugverbindungen ab Wien: WIZZ Air, die extrem stark expandierende ungarische Billig-Airline, eröffnete am 14. Juni 2018 erstmals eine Basis in Wien und fliegt ab hier 17 neue Destinationen an, acht davon erstmals ab Österreich: Seit Ende April geht es von Wien-Schwechat aus nach Danzig (Polen), Tuzla (Bosnien und Herzegowina) und Varna (Bulgarien). Im Juni folgten Bari und Rom in Italien, Tel Aviv (Israel) und Valencia (Spanien); ab November wird Bergen (Norwegen), Billund (Dänemark), Dortmund (Deutschland), Kutaissi (Georgien), Larnaca (Zypern), Niš (Serbien), Ohrid (Mazedonien), Teneriffa (Kanarische Inseln) und Thessaloniki (Griechenland) bedient. Oneway ab 19,99, ab 29,99 oder ab 49,99 Euro. www.wizzair.com

X

Xenophobie

Xenophobie, die übertriebene Angst vor Fremden (griechisch: xenos – Fremder, phobos – Angst) wird fälschlich oft mit Fremdenfeindlichkeit gleichgesetzt. Die Fremdenangst schlummert laut Psychologe Borwin Bandelow (Uni Göttingen) in jedem von uns. Laut Bandelow waren früher solche Ängste überlebensnotwendig (etwa weil die Vorräte nur für den eigenen Stamm reichten); die Urängste wurden auf dem Erbweg weitergegeben, obwohl wir sie gar nicht mehr „brauchen". Die Angsttherapie besteht in der Auseinandersetzung mit der konkreten Phobie. Die beste Lösung also: Begegnung und mehr Kontakt mit Fremden. Reisen ist hier wohl die beste Medizin.

Y

Ypsilon.Net AG

Die Ypsilon.Net AG ist ein weltweit führender Anbieter von Internet-Reisetechnologien. Diese werden von der gesamten globalen Touristikindustrie rund um die Uhr genutzt: von Fluggesellschaften, Consolidators (Reisevermittler) und Reiseagenturen. Das in Frankfurt am Main beheimateten 80-Mann-Unternehmen erarbeitet Internet-Buchungsmaschinen und Web-basierte Technologie-Lösungen, die Content (Flugdaten und andere Inhalte) verschiedenster Quellen verbinden. Ypsilon läuft aktuell auf 90.000 Websites weltweit. Jeder, der im Internet einen Flug sucht, hat also mit Ypsilon zu tun!

Z

Zuhause

Bevor Sie in den Urlaub starten, müssen Sie das Zuhause urlaubsfit machen: Lassen Sie Ihr Zuhause bewohnt aussehen, vermeiden Sie überquellende Briefkästen, Zeitungsstapel auf der Fußmatte oder zugezogene Vorhänge. Liegen ein paar Gegenstände im Garten herum, wirkt das Eigenheim gleich viel weniger verwaist. Eine Bezugsperson (Freund, Nachbar, Familie) sollte einen Schlüssel haben – nicht nur für den Notfall, sondern auch, um zwischendurch mal nach den rechten Dingen schauen zu können. Sichern Sie alle elektronischen Geräte und ziehen Sie bei Fernseher, PC usw. den Stromstecker, um Spannungsschäden zu vermeiden. Wertgegenstände wie Sparbücher, Schmuck, Dokumente, Wertpapiere etc. gehören in einen Wandtresor oder in ein Schließfach bei der Bank.

* Alle Informationsdaten sind sorgfältig recherchiert, erheben aber keinen Anspruch auf Richtigkeit und Vollständigkeit.

Blick auf den Mount Fuji in Japan während der Kirschblüte

DERTOUR
Willkommen bei DERTOUR
Kombinieren Sie sich zum perfekten Urlaub
Der perfekte Urlaub. So leicht gesagt wie geplant. Denn dank des Prinzips der beliebig kombinierbaren Reisebausteine, das DERTOUR zum führenden Reiseveranstalter in Österreich für Individualreisen gemacht hat, haben Sie alle Freiheiten:
Sie können Ihren Urlaub ganz nach Wunsch aus dem umfangreichen DERTOUR Programm zusammenstellen. Oder einfach eine der spannenden vorgeplanten Reisekombinationen auswählen. Schließlich wissen Sie selbst am besten, was Ihren Urlaub perfekt macht.
Die ganze Welt von DERTOUR in Ihrem Reisebüro oder unter www.dertour.at
Für mich. Perfekt.
DER Touristik